DataBase 1700 3rd Edition
準拠

書いて覚える
英単語ノート
入門1700語レベル

桐原書店編集部［編］

桐原書店

はじめに

◎英語の力を伸ばすために一番大切なことは？

この質問を，あなたの周りにいる「英語が得意な人」たちにしてみてください。
おそらく皆が口をそろえて，こう答えるはずです。
「まずは基礎をしっかりと学習すること」
そうです。基礎を身につけることで，自然と英語学習のコツをつかみ，やがては「英語が得意」だと実感できるようになるのです。
逆に言うと，基礎をしっかりと身につけずにあれこれと他の教材に手を伸ばしても，いつまで経っても学習のコツをつかみきれず，あやふやなままになってしまうことでしょう。

◎やはり「英語の力は単語力」である

確かに基礎が大切なのはわかりました。ではいったい何をどうすればよいのでしょうか。
まずは，**「単語や熟語を書いて覚える」**ことから始めてください。
この「書いて覚える」という作業の繰り返しが，英語の基礎学習には最も効果的です。
さらに，単語や熟語は知っている数が多いほど，「英文の内容を理解するための手がかりを数多く持っている」ということを意味します。初めて目にする，耳にする英文の中で「手がかりとなる語」があるのとないのとでは大違いでしょう。
やはり，英語の力を伸ばすためには，「単語の学習」から始めることが大切なのです。

◎選び抜かれた単語・熟語を学習する

実はもう１つ，とても大切なことがあります。それは，**「良質の教材を使うこと」**です。
単語の学習には時間がかかります。多くの時間を費やすのですから，優れた教材を使えば，それだけ大きな成果を得ることができるのです。
その点，本書に収録されている単語・熟語は，これまで高校生を中心に400万人以上の方たちに支持され続けてきた単語集「DataBaseシリーズ」と同じものです。
だからこそ，あなたの大切な時間を使っていただく教材として，自信を持ってお薦めすることができるのです。

厳しいようですが，英語学習に近道はありません。ですがそれは，努力を重ねれば確実に英語の力は伸びていく，ということでもあります。ですから自信を持って，毎日の学習を続けてください。本書が，あなたの英語の力をこれから飛躍的に向上させていくための第一歩となることを願って止みません。

桐原書店　編集部

もくじ

アルファベットの練習	8	まずは，各パートの指示にしたがって，アルファベットの大文字と小文字の練習をしましょう。
Warm up（基本表現の確認）	12	人称代名詞，単数形と複数形，動詞の変化など，英語学習をする上で欠くことのできない基本表現を確認しましょう。
Level 1　001-175	15	最も基本となる語を学習します。Level 1 とはいえ，ここで学ぶ語をしっかりと身につけるだけでも，さまざまな会話表現ができるようになります。
Level 2　176-349	35	ここからは中学校で学ぶ語だけではなく，少しだけ難しい語にも挑戦してみましょう。感情や基本動作などの表現を覚えましょう。
Level 3　350-525	55	学問・仕事・社会など，日常生活で使う一歩進んだ語を学びましょう。お店やレストランで使える単語・表現も見てみましょう。
Level 4　526-708	77	前半が終わり，ここからは後半の始まりです。fast「（速度が）速い」とquick「（動作が）速い」など，簡単だけど微妙な違いがある語にも注意が必要です。
Level 5　709-884	97	ここでは，旅行や天気・趣味などを表現できる語も学びます。旅先で出会った外国の人との会話にも大いに役立つことでしょう。
Level 6　885-1066	119	ここまで来たら，「英語力がついた！」と実感しているはずです。この1冊を終えたとき，あなたは中学から高校の基本レベルの語いを，すべて習得したことになります。
さくいん	146	

本書の利用法

単語練習のページ

通し番号
001〜1066まであります。チェックボックスがついていますので、復習時に覚えていなかった単語などをチェックすることができます。

本書での発音の示し方について
本書では発音記号のほかに，カタカナ・ひらがなを用いて見出し語の発音の仕方を示しています。太字はアクセントの位置を示しています。ひらがなで示されているのは，日本語の音との違いが大きな音です。ただし，カナ表記は英語の発音を正確に表しているわけではありません。カナ表記を参考にして，発音記号の読み方を身につけるようにしましょう。

書き込み欄（3回分）
1つの単語につき，3回書き込み練習をしてみましょう。発音記号やカナ表記を参考にして，声に出しながら書き込んでください。

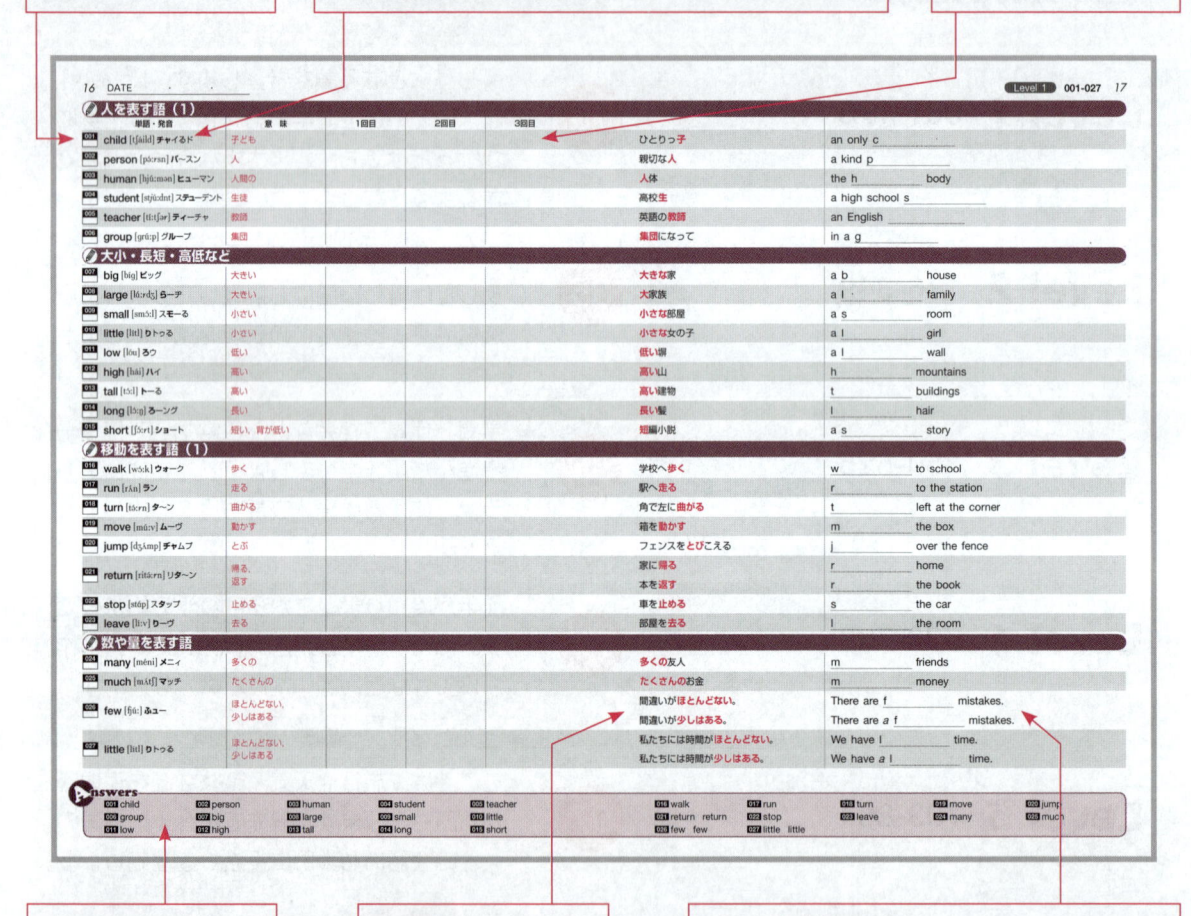

Answers
右ページのフレーズ・例文に入る答えを，番号順に掲載してあります。

日本語訳
フレーズや例文の意味が示してあります。

フレーズ・例文
左側の日本語訳を参考にして，空所に単語を入れて，フレーズや例文を完成してみましょう。単語の最初の文字をヒントとして示してあります。
イタリック(斜体)になっている語は，空所に入る語と合わせてイディオムとなっていることを表します。
注意！ 答えは，単語がそのままの形で入るとは限りません。単数形・複数形，時制などの変化に注意してください。

基本動詞のページ

このページで学習する基本動詞が入ります。日本語訳の赤い文字を参考に空所を埋めてください。ただし原形がそのまま入るとはかぎりませんので注意しましょう。

基本動詞を使った熟語が入ります。日本語訳の赤い文字を参考に，空所を埋めましょう。

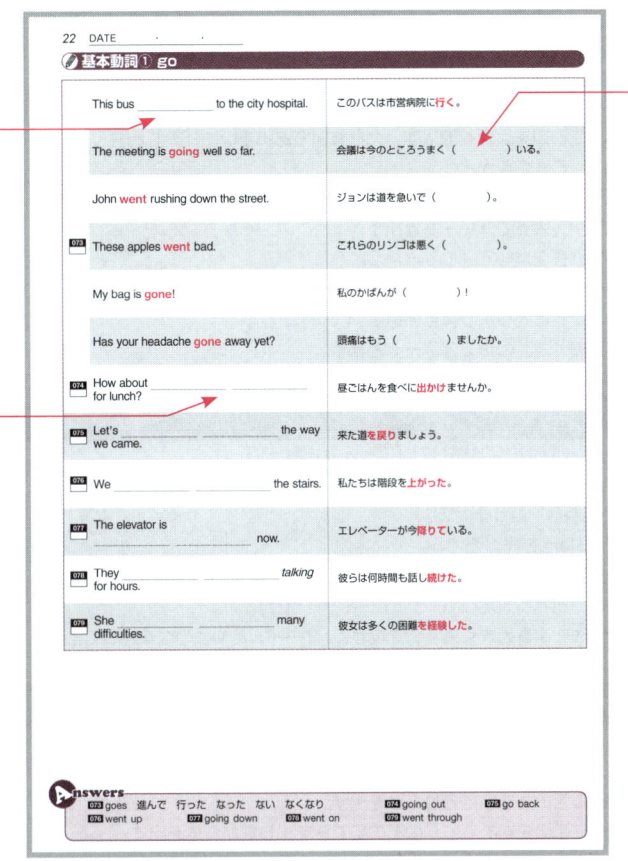

英文の赤い文字を参考に，それぞれ日本語に訳してみましょう。

---

22 DATE　・　・
基本動詞① go

	This bus _____ to the city hospital.	このバスは市営病院に行く。
	The meeting is going well so far.	会議は今のところうまく（　　）いる。
	John went rushing down the street.	ジョンは道を急いで（　　）。
073	These apples went bad.	これらのリンゴは悪く（　　）。
	My bag is gone!	私のかばんが（　　）！
	Has your headache gone away yet?	頭痛はもう（　　）ましたか。
074	How about _____ for lunch?	昼ごはんを食べに出かけませんか。
075	Let's _____ the way we came.	来た道を戻りましょう。
076	We _____ the stairs.	私たちは階段を上がった。
077	The elevator is _____ now.	エレベーターが今降りている。
078	They _____ talking for hours.	彼らは何時間も話し続けた。
079	She _____ many difficulties.	彼女は多くの困難を経験した。

Answers
073 goes　進んで　行った　なった　ない　なくなり　074 going out　075 go back
076 went up　077 going down　078 went on　079 went through

Dialogue のページ

テーマに合わせた会話表現を学習します。日本語訳の赤い文字を参考に，空所を埋めてください。会話表現なので，空所の単語だけでなく，1つの文として覚えるようにしましょう。

Level 1　073-085　23
Dialogue① あいさつをする

	真理：こんにちは，私は真理です。	Mari: Hi, I'm Mari.
080	ピーター：こんにちは，私の名前はピーターです。はじめまして。	Peter: Hi, my name's Peter. _____ you.
	真理：こちらこそ，はじめまして。	Mari: Nice to meet you, too.
081	ピーター：ごきげんいかがですか？	Peter: _____ doing?
082	真理：元気です，ありがとう。あなたは？	Mari: _____. And you?

身につけておきたい熟語のページ

英語の基礎学習を進めていく上で，とても大切な熟語を学習しましょう。日本語訳の赤い文字を参考に，空所を埋めてください。

32 DATE　・　・
身につけておきたい熟語①

165	公園にたくさんの遊んでいる子どもがいた。	There were _____ children playing in the park.
166	この計画にはいくつかの問題がある。	This plan has n_____ problems.
167	彼女は，競技場のまわりで何百もの人を見た。	She saw h_____ people around the stadium.
168	私たちは最終電車に間に合うだろうか。	Will we be i_____ the last train?
169	時間通りにそこに着きましたか。	Did you get there o_____ ?

発音記号と発音のポイント

単母音

記号	カナ	説明
[æ]	あ	唇を左右に引っ張って「ェア」と言う。
[ʌ]	ア	のどの奥のほうで「アッ」と強く言う。口はあまり開けない。
[ɑ]	ア	のどの奥で軽く「ア」と言う。
[ɑ:]	アー	口を大きく開けて、のどの奥から明るく「アー」と言う。
[ɑ:r]	アー	上の [ɑ:] を言ってから、舌先をあげて力を抜いて「ア」をそえる。
[ə]	ア・イ・ウ・エ・オ	口を大きく開けず、力を抜いてあいまいに「ア」と言うのが基本だが、直前の子音の影響を受けて発音が変わる。本書のカナ表記ではもっとも近い類似音をあてている。
[ər]	ア	舌先をあげて、口を大きく開けず、力を抜いてあいまいに「ア」と言う。
[ə:r]	ア〜	[ər] をのばして長く言う。
[i]	イ	口は「エ」を言う形で、力を入れずに「イ」と言う。
[i:]	イー	唇を左右に引っ張って「イー」と言う。
[u]	ウ	力を抜いて、唇を丸めて「ウ」と言う。
[u:]	ウー	日本語の「ウ」より唇を前に突き出して「ウー」と言う。
[e]	エ	日本語の「エ」と同じように言えばよい。
[ɔ:]	オー	口は日本語の「オ」の形で「アー」と言う。
[ɔ:r]	オー	上の [ɔ:] を言ってから、舌先をあげて力を抜いて「ア」をそえる。

二重母音

記号	カナ	説明
[ai]	アイ	「ア」を強く、ややのばす感じで「アーイ」と言う。
[au]	アウ	「ア」を強く、ややのばす感じで「アーウ」と言う。
[iər]	イア	[i] のあとに [ər] を軽くそえる。
[uər]	ウア	[u] のあとに [ər] を軽くそえる。
[eər]	エア	[e] のあとに [ər] を軽くそえる。
[ei]	エイ	「エ」を強く、ややのばす感じで「エーイ」と言う。
[ɔi]	オイ	日本語の「オ」より大きく丸く口を開け、「オーイ」とややのばす感じで言う。
[ou]	オウ	口を小さく丸め、「オ」を強く、ややのばす感じで「オーウ」と言う。

子音

記号	カナ	説明
[p]	プ	唇を閉じ、息だけ勢いよく出して「ブッ」と言う。
[b]	ブ	唇を閉じ、のどの奥で声を出しながら息を出して「ブッ」と言う。
[t]	ト	上の歯ぐきに舌の先をあてて息だけを出す。
[d]	ド	上の歯ぐきに舌の先をあてて、のどの奥で声を出しながら息を出す。
[k]	ク	日本語の「ク」より強く激しく言う。
[g]	グ	[k] を言うときに、同時にのどの奥で声を出す。
[m]	ム	唇を閉じて、鼻の奥で「ム」と声を出す。
[n]	ヌ	上の歯ぐきに舌先をつけ、鼻の奥で「ンヌ」と声を出す。
[ŋ]	ング	[k] や [g] の前の [n] が [ŋ] の音になる。[n] の音をのばして [k] や [g] に続けることが多い。
[l]	る	舌先を上の歯ぐきにつけて、鼻の奥のほうで「ウ」と声を出す。
[r]	ル	舌先を軽くあげ、軽く「ウ」をそえる感じで声を出す。
[f]	ふ	下唇に前歯の先をあてて、息だけそこから出す。
[v]	ヴ	下唇に前歯の先をあてて、声を出しながら息を出す。
[θ]	す	前歯の先に舌先を軽くつけて、そこから息だけを出す。
[ð]	ず	前歯の先に舌先を軽くつけて、声を出しながら息を出す。
[s]	ス	上の歯ぐきに舌先を近づけて、そこから息を出す。
[z]	ズ	上の歯ぐきに舌先を近づけて、声を出しながら息を出す。
[ʃ]	シュ	日本語で「静かに」と言うときの「シー」に近い感じ。息だけを出す。
[ʒ]	ジュ	上の [ʃ] の音を出すときに、のどの奥で声を出す。
[j]	イ	[i] の口の形をして、あとに続く母音の発音へ移る。
[h]	フ	口を次に続く音の形にし、のどの奥から息だけを出す。
[w]	ウ	唇を丸めて突き出し、「ウ」と言う。
[tʃ]	チ	舌先を上の歯ぐきにつけて、そこから「チ」と息を出す。
[dʒ]	ヂ	舌先を上の歯ぐきにつけ、のどの奥で声を出しながら息を出す。
[ts]	ツ	舌は日本語の「ツ」の位置で、息だけを出す。
[dz]	ヅ	舌は [ts] の位置で、「ヅ」と声を出す。

単語の効果的な学習法

1つの単語につき，以下の順で学習を進めてください。

▶ステップ①

まずは，単語とその意味をよく見てみましょう。

次に意味をイメージしながら，カナ発音や発音記号を参考に，声に出してくり返し読んでみてください。アルファベットで書かれた単語を読みながら，何となく意味が思い浮かんでくればOKです。

▶ステップ②

次に「書き込み」の練習をします。

あなたの頭の中には，すでに単語のイメージができているはずです。その単語のイメージを写し取る要領で，ゆっくりと声に出しながら記入欄に書いてみましょう。

そのとき大切なのは，一番左に載っている単語を見ずに書いてみることです。書けないようなら，もう一度①の手順に戻ってみてください。

はじめのうちは，単語を見ずに書くのは難しいかもしれません。ですが，ここでくじけてはいけません。お手本を見ながら一字一字書いていたのでは，いつまでたっても単語とその単語の持つ意味とはつながらないまま，**単なるアルファベットの練習になってしまう**からです。

しばらくは大変かもしれませんが，この**「単語をイメージしながら声に出して書く」**という練習を繰り返してみましょう。何度も繰り返していくうちに，単語のスペル（つづり）のルールが，自然と身に付いていることに気づくはずです。こうなればしめたものです。一度，声に出して読んでみただけで，**すらすらと単語を書けるようになる**ことでしょう。

さらにステップアップしたい人へ

このノートに収録されている内容は，単語集『**DataBase 1700 使える英単語・熟語**』に基づいています。

単語集には，音声CD，イラストを使った解説，単語や文法に関するコラムなど，単語のイメージをより豊かにする情報が収録されています。学習を進めていくサポート教材として，またノートを一通り終えた後の復習用としてもおすすめです。

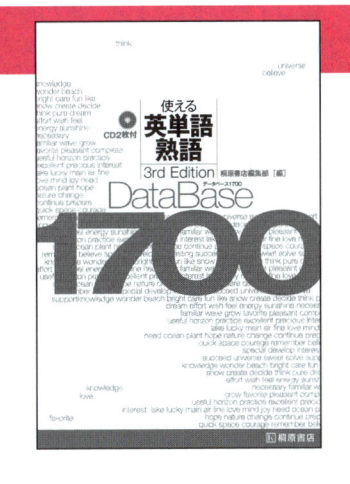

DATE

筆順を参考にして，ブロック体の大文字を練習しましょう。

A

B

C

D

E

F

G

H

I

J

K

L

M

N

O

P

Q

R

S

T

U

V

W

X

Y

Z

★アルファベットの筆順は1通りではありません。ここでは一般的な筆順を示しました。

アルファベットの練習

✏️ **筆順を参考にして，ブロック体の小文字を練習しましょう。**

a

b

c

d

e

f

g

h

i

j

k

l

m

n

o

p

q

r

s

t

u

v

w

x

y

z

アルファベットを書いてみましょう。

A B C D E F G H I J K L M
N O P Q R S T U V W X Y Z

a b c d e f g h i j k l m
n o p q r s t u v w x y z

次の大文字の小文字を書いてみましょう。

B( )　　D( )　　E( )　　F( )

I( )　　J( )　　L( )　　N( )

P( )　　Q( )　　R( )　　T( )

アルファベットの練習

✏️ アルファベットの並びになるように空欄を埋めてみましょう。

A B _ D _ _ G _ _
_ K _ _ N _ _ Q _
_ _ T _ _ _ _ _ Z
_ a _ c _ _ f _ h i
_ k _ _ _ _ o p _
s t _ v w _ _ z

✏️ 次の大文字を小文字の単語に書き直しましょう。

BALL　　　　　　　　　DRIVE

FIGHT　　　　　　　　JUMP

QUIZ　　　　　　　　　DAD

SKY　　　　　　　　　　NAME

人称代名詞の変化

主格	所有格	目的格	所有代名詞
I	( )	( )	( )
we	( )	( )	( )
you	( )	( )	( )
he	( )	( )	( )
she	( )	( )	( )
it	( )	( )	—
they	( )	( )	( )

単数形と複数形

単語・発音	意味	複数形
apple [ǽpl] あプル	( )	( )
tree [tríː] トリー	( )	( )
bus [bʌ́s] バス	( )	( )
box [bɑ́ks] バックス	( )	( )
dish [díʃ] ディッシュ	( )	( )
knife [náif] ナイふ	( )	( )
city [síti] スィティ	( )	( )

be 動詞, have, do の活用

原形	現在形	過去形
be	I ( )	I ( )
	You ( )	You ( )
	She ( )	She ( )
	They ( )	They ( )
have	I ( )	I ( )
	He ( )	He ( )
	They ( )	They ( )
do	I ( )	I ( )
	She ( )	She ( )
	They ( )	They ( )

解答 ⇨ 141ページ

Warm up（基本表現の確認）

📝 3人称単数現在形

単語・発音	意味	3人称単数現在形
come [kʌ́m] カム	( )	( )
get [gét] ゲット	(〜を)	( )
teach [tíːtʃ] ティーチ	(〜を)	( )
go [góu] ゴウ	( )	( )
wash [wáʃ] ワッシュ	(〜を)	( )
study [stʌ́di] スタディ	( )	( )

📝 規則変化動詞の活用

原形	意味	過去形	過去分詞形
listen	( )	( )	( )
talk	( )	( )	( )
hope	(〜を)	( )	( )
live	( )	( )	( )
cry	( )	( )	( )
stop	( )	( )	( )

📝 不規則変化動詞の活用

原形	意味	過去形	過去分詞形
build	(〜を)	( )	( )
come	( )	( )	( )
go	( )	( )	( )
make	(〜を)	( )	( )
see	(〜を)	( )	( )
tell	(〜を)	( )	( )

解答 ⇨ 142ページ

もっと書いてみよう！

	意　味	1回目	2回目	3回目
	( )			
	( )			
	( )			
	( )			
	( )			
	( )			
	( )			
	( )			
	( )			
	( )			
	( )			
	( )			
	( )			
	( )			
	( )			
	( )			
	( )			
	( )			
	( )			
	( )			
	( )			
	( )			
	( )			
	( )			
	( )			
	( )			
	( )			
	( )			
	( )			
	( )			
	( )			
	( )			
	( )			
	( )			

Level 1　001-175

最も基本となる語を学習します。Level 1とはいえ，ここで学ぶ語をしっかりと身につけるだけでも，さまざまな会話表現ができるようになります。

ここで学ぶ単語の種類

- 人を表す語（1）
- 大小・長短・高低など
- 移動を表す語（1）
- 数や量を表す語
- 見る・聞くなど
- 言う・話すなど
- 笑う・泣くなど
- 国・世界など
- 生死に関する語
- thingのつく語
- one/bodyのつく語
- 開ける・閉めるなど
- 成長・変化
- 基本動詞①　go
- Dialogue①　あいさつをする

- 仕事に関する語（1）
- 心の動き（1）
- 手を使う（1）
- 基本的な副詞
- 学習に関する語（1）
- 数量・まとまりを表す語（1）
- 数を表す語
- 時間を表す語（1）
- 数量・まとまりを表す語（2）
- 基本的な助動詞
- 同異・難易
- 始まる・終わる
- 基本動詞②　come
- Dialogue②　紹介する
- 身につけたい熟語①
- 顔と体：face and body

16 DATE ・ ・

人を表す語（1）

	単語・発音	意味	1回目	2回目	3回目
001	child [tʃáild] チャイるド	子ども			
002	person [pə́ːrsn] パ～スン	人			
003	human [hjúːmən] ヒューマン	人間の			
004	student [stjúːdnt] ステューデント	生徒			
005	teacher [tíːtʃər] ティーチャ	教師			
006	group [grúːp] グループ	集団			

大小・長短・高低など

	単語・発音	意味	1回目	2回目	3回目
007	big [bíg] ビッグ	大きい			
008	large [láːrdʒ] らーヂ	大きい			
009	small [smɔ́ːl] スモーる	小さい			
010	little [lítl] りトゥる	小さい			
011	low [lóu] ろウ	低い			
012	high [hái] ハイ	高い			
013	tall [tɔ́ːl] トーる	高い			
014	long [lɔ́ːŋ] ろーング	長い			
015	short [ʃɔ́ːrt] ショート	短い，背が低い			

移動を表す語（1）

	単語・発音	意味	1回目	2回目	3回目
016	walk [wɔ́ːk] ウォーク	歩く			
017	run [rʌ́n] ラン	走る			
018	turn [tə́ːrn] タ～ン	曲がる			
019	move [múːv] ムーヴ	動かす			
020	jump [dʒʌ́mp] ヂャムプ	とぶ			
021	return [ritə́ːrn] リタ～ン	帰る，返す			
022	stop [stáp] スタップ	止める			
023	leave [líːv] りーヴ	去る			

数や量を表す語

	単語・発音	意味	1回目	2回目	3回目
024	many [méni] メニィ	多くの			
025	much [mʌ́tʃ] マッチ	たくさんの			
026	few [fjúː] ふュー	ほとんどない，少しはある			
027	little [lítl] りトゥる	ほとんどない，少しはある			

Answers

001 child	002 person	003 human	004 student	005 teacher
006 group	007 big	008 large	009 small	010 little
011 low	012 high	013 tall	014 long	015 short

Level 1 001-027 17

ひとりっ子	an only c_____
親切な人	a kind p_____
人体	the h_____ body
高校生	a high school s_____
英語の教師	an English _____
集団になって	in a g_____

大きな家	a b_____ house
大家族	a l_____ family
小さな部屋	a s_____ room
小さな女の子	a l_____ girl
低い塀	a l_____ wall
高い山	h_____ mountains
高い建物	t_____ buildings
長い髪	l_____ hair
短編小説	a s_____ story

学校へ歩く	w_____ to school
駅へ走る	r_____ to the station
角で左に曲がる	t_____ left at the corner
箱を動かす	m_____ the box
フェンスをとびこえる	j_____ over the fence
家に帰る	r_____ home
本を返す	r_____ the book
車を止める	s_____ the car
部屋を去る	l_____ the room

多くの友人	m_____ friends
たくさんのお金	m_____ money
間違いがほとんどない。	There are f_____ mistakes.
間違いが少しはある。	There are a f_____ mistakes.
私たちには時間がほとんどない。	We have l_____ time.
私たちには時間が少しはある。	We have a l_____ time.

016 walk　017 run　018 turn　019 move　020 jump
021 return　return　022 stop　023 leave　024 many　025 much
026 few　few　027 little　little

見る・聞くなど

	単語・発音	意味	1回目	2回目	3回目
028	look [lúk] るック	見る, ～のように見える			
029	see [síː] スィー	見る			
030	watch [wátʃ] ワッチ	じっと見る			
031	hear [híər] ヒア	聞こえる			
032	listen [lísn] リスン	聞く			
033	find [fáind] ふァインド	見つける, (…と) 思う			

言う・話すなど

	単語・発音	意味	1回目	2回目	3回目
034	say [séi] セイ	言う			
035	tell [tél] テる	話す			
036	talk [tɔ́ːk] トーク	話す			
037	speak [spíːk] スピーク	話す			

笑う・泣くなど

	単語・発音	意味	1回目	2回目	3回目
038	laugh [lǽf] らぁふ	笑う			
039	smile [smáil] スマイる	ほほえむ			
040	cry [krái] クラィ	泣く			
041	shout [ʃáut] シャウト	大声で言う			
042	sing [síŋ] スィング	歌う			
043	call [kɔ́ːl] コーる	呼ぶ			

国・世界など

	単語・発音	意味	1回目	2回目	3回目
044	country [kʌ́ntri] カントリ	国			
045	world [wə́ːrld] ワ～るド	世界			
046	foreign [fɔ́ːrən] ふォーリン	外国の			
047	land [lǽnd] らぁンド	土地			
048	area [éəriə] エアリア	地域			
049	language [lǽŋgwidʒ] らぁングウィッヂ	言語			

Answers
- 028 look looks
- 029 see
- 030 watch
- 031 hear
- 032 listen
- 033 found found
- 034 said
- 035 told
- 036 talked
- 037 speaks
- 038 laugh
- 039 smile
- 040 cry
- 041 shout
- 042 sing

時計を**見る**	l_____ *at* the clock
彼女は疲れている**ように見える**。	She l_____ *tired*.
星を**見る**	s_____ stars
テレビを**見る**	w_____ TV
音が**聞こえる**	h_____ the sound
音楽を**聞く**	l_____ *to* music
私はすてきなお店を**見つけた**。	I f_____ a nice store.
彼女はその本をおもしろいと**思った**。	She f_____ the book interesting.

彼は友だちにありがとうと**言った**。	He s_____ thank you to his friend.
私は彼女に真実を**話した**。	I t_____ her the truth.
私たちはニュースについて**話した**。	We t_____ about the news.
彼はフランス語を**話す**。	He s_____ French.

冗談に**笑う**	l_____ *at* the joke
子どもたちに**ほほえむ**	s_____ *at* the children
泣き始める	begin to c_____
大声で助けを**呼ぶ**	s_____ for help
古い歌を**歌う**	s_____ an old song
医者を**呼ぶ**	c_____ the doctor

アジア諸**国**で	in Asian c_____
世界中で	all over *the* w_____
外国語	a f_____ language
乾燥した**土地**	dry l_____
この**地域**にはたくさん店がある。	There are many stores in this a_____.
言語を学ぶ	study a l_____

043 call	044 countries	045 world	046 foreign	047 land
048 area	049 language			

生死に関する語

単語・発音	意味	1回目	2回目	3回目
050 life [láif] ら イふ	生命			
051 death [déθ] デす	死			
052 live [lív] りヴ	生きる，住む			
053 die [dái] ダイ	死ぬ			
054 kill [kíl] キる	殺す			
055 dead [déd] デッド	死んでいる			
056 alive [əláiv] アらイヴ	生きている			

thingのつく語

057 thing [θíŋ] すィング	こと			
058 something [sʌ́mθiŋ] サムすィング	何か			
059 anything [éniθiŋ] エニすィング	何か，何でも			
060 everything [évriθiŋ] エヴリすィング	すべてのこと[もの]			
061 nothing [nʌ́θiŋ] ナッすィング	何も〜ない			

one/bodyのつく語

062 someone [sʌ́mwʌ̀n] サムワン	だれか			
063 anyone [éniwʌ̀n] エニワン	だれか，だれでも			
064 everyone [évriwʌ̀n] エヴリワン	みんな			
065 nobody [nóubədi] ノウバディ	だれも〜ない			

開ける・閉めるなど

066 open [óupən] オウプン	開ける			
067 close [klóuz] クろウズ	閉じる			
068 shut [ʃʌ́t] シャット	閉める			
069 lock [lák] ろック	鍵をかける			

成長・変化

070 grow [gróu] グロウ	成長する			
071 change [tʃéindʒ] チェインヂ	変える，おつり			
072 continue [kəntínju:] コンティニュー	続ける			

Answers
050 life　　051 death　　052 live live　　053 died　　054 killed
055 dead　　056 alive　　057 thing　　058 something　　059 anything anything
060 everything　　061 nothing　　062 someone　　063 anyone anyone　　064 everyone

Level 1 050-072 21

命を救う	save one's l_____
死因	cause of d_____
長生きする	l_____ long
都会に住む	l_____ in a city
私の祖父は10年前に亡くなった。	My grandfather d_____ ten years ago.
彼は戦争で死んだ。	He *was* k_____ *in* the war.
死語	a d_____ language
生き続ける	stay a_____

奇妙なこと	a strange t_____
何かおかしいのですか。	Is s_____ wrong?
何かほかに欲しいものはありますか。	Do you need a_____ else?
何でも試す	try a_____
私は彼女にすべてのことを話そうと決心した。	I decided to tell her e_____.
私はサッカーについて何も知らない。	I know n_____ about soccer.

玄関にいるだれか	s_____ at the door
だれか彼の名前を知りませんか。	Does a_____ know his name?
彼はほかのだれよりも速く走る。	He runs faster than a_____ else.
家族のみんな	e_____ in the family
だれも家にいなかった。	N_____ was home.

私は窓を開けた。	I o_____ the window.
両目を閉じる	c_____ one's eyes
ドアを閉める	s_____ the door
ドアに鍵をかける	l_____ the door

年をとる	g_____ old
考えを変える	c_____ one's mind
本を読み続ける	c_____ reading

065 Nobody   066 opened   067 close   068 shut   069 lock
070 grow   071 change   072 continue

基本動詞① go

This bus _____ to the city hospital.	このバスは市営病院に**行く**。
The meeting is **going** well so far.	会議は今のところうまく（　　　）いる。
John **went** rushing down the street.	ジョンは道を急いで（　　　）。
073 These apples **went** bad.	これらのリンゴは悪く（　　　）。
My bag is **gone**!	私のかばんが（　　　）！
Has your headache **gone** away yet?	頭痛はもう（　　　）ましたか。
074 How about _____ _____ for lunch?	昼ごはんを食べに**出かけ**ませんか。
075 Let's _____ _____ the way we came.	来た道**を戻り**ましょう。
076 We _____ _____ the stairs.	私たちは階段を**上がった**。
077 The elevator is _____ _____ now.	エレベーターが今**降り**ている。
078 They _____ _____ talking for hours.	彼らは何時間も話し**続けた**。
079 She _____ _____ many difficulties.	彼女は多くの困難**を経験した**。

Answers
073 goes　進んで　行った　なった　ない　なくなり　　074 going out　　075 go back
076 went up　　077 going down　　078 went on　　079 went through

Dialogue① あいさつをする

真理：こんにちは，私は真理です。	Mari: Hi, I'm Mari.
080 ピーター：こんにちは，私の名前はピーターです。**はじめまして。**	Peter: Hi, my name's Peter. _____ _____ you.
真理：こちらこそ，はじめまして。	Mari: Nice to meet you, too.
081 ピーター：**ごきげんいかがですか？**	Peter: _____ _____ doing?
082 真理：**元気です，ありがとう。**あなたは？	Mari: _____, _____. And you?
ピーター：元気ですが，ここのところ忙しいです。	Peter: Fine, but I'm busy these days.
083 084 ピーター：やあ，真理。**ひさしぶりだね。どうしていた？**	Peter: Hi, Mari. It's been _____. How _____?
真理：最高よ！ 先週は休暇をとっていたの。	Mari: Great! I was on vacation last week.
ピーター：そうなの？ どこかに行った？	Peter: Oh really? Did you go anywhere?
真理：ええ。沖縄に行ってきたわ。	Mari: Yes. Okinawa.
ピーター：沖縄だって？ 君はついているな！	Peter: Okinawa? You're so lucky!
真理：あなたは？ まだ忙しいの？	Mari: How about you? Are you still busy?
085 ピーター：**うん**，でも先週末には映画を見たよ。	Peter: _____, but I saw a movie last weekend.

Answers

080 Nice to meet **081** How are you **082** Fine / thanks **083** a long time **084** have you been
085 Yeah

仕事に関する語（1）

	単語・発音	意味	1回目	2回目	3回目
086	job [dʒáb] **ヂャブ**	仕事			
087	work [wə́ːrk] **ワ〜ク**	仕事, 働く			
088	idea [aidíːə] **アイディーア**	考え			
089	company [kʌ́mpəni] **カムパニ**	会社			
090	plan [plǽn] **プらぁン**	計画			

心の動き（1）

091	like [láik] **らイク**	好きだ, 〜のように			
092	love [lʌ́v] **らヴ**	大好きだ			
093	know [nóu] **ノウ**	知っている			
094	feel [fíːl] **ふィーる**	感じる			
095	remember [rimémbər] **リメンバ**	覚えている			
096	think [θíŋk] **すィンク**	思う			
097	hope [hóup] **ホウプ**	〜したいと思う			
098	mean [míːn] **ミーン**	意味する			

手を使う（1）

099	help [hélp] **へるプ**	手伝う			
100	show [ʃóu] **ショウ**	見せる			
101	write [ráit] **ライト**	書く			

基本的な副詞

102	well [wél] **ウェる**	よく			
103	also [ɔ́ːlsou] **オーるソウ**	〜もまた			
104	too [túː] **トゥー**	〜もまた, 〜すぎる			
105	again [əgén] **アゲン**	もう一度			
106	usually [júːʒuəli] **ユージュアり**	いつもは			
107	always [ɔ́ːlweiz] **オーるウェイズ**	いつも			
108	sometimes [sʌ́mtàimz] **サムタイムズ**	ときどき			
109	never [névər] **ネヴァ**	決して〜ない			
110	often [ɔ́ːfn] **オーふン**	よく			
111	only [óunli] **オウンり**	わずか〜に過ぎない			

Answers

086 job	087 work works	088 idea	089 company	090 plan
091 like like	092 love	093 know	094 feel	095 remember
096 think	097 hope	098 mean	099 help	100 show

仕事を見つける	find a j_____
たくさんの仕事	a lot of w_____
私の父は毎日一生懸命に働いている。	My father w_____ hard every day.
よい考え	a good i_____
音楽会社	a music c_____
計画を立てる	make a p_____

私は猫が好きだ。	I l_____ cats.
子どものようにふるまう	act l_____ a child
私は日本庭園が大好きだ。	I l_____ Japanese gardens.
答えを知っている	k_____ the answer
疲れを感じる	f_____ *tired*
その日を覚えている	r_____ the day
私はあなたが正しいと思う。	I t_____ you are right.
またお会いしたいです。	I h_____ *to see* you again.
それはどういう意味なのですか。	What do you m_____ by that?

彼の宿題を手伝う	h_____ him *with* his homework
写真を見せる	s_____ one's picture
本を書く	w_____ a book

よく眠る	sleep w_____
彼はピアノを弾くし，歌もまた上手だ。	He plays the piano and a_____ sings well.
私もそう思う。	I think so, t_____.
暑[熱]すぎる	t_____ hot
もう一度やってみる	try it a_____
私はいつもは自転車で通学している。	I u_____ go to school by bicycle.
彼女はいつも6時に起きる。	She a_____ gets up at six.
彼女はときどき週末に映画を見る。	She s_____ watches movies on weekends.
私はその日のことを決して忘れない。	I will n_____ forget that day.
私の母はよくその店に行く。	My mother o_____ goes to that shop.
私はわずか500円しか持っていない。	I o_____ have 500 yen.

101 write **102** well **103** also **104** too / two **105** again
106 usually **107** always **108** sometimes **109** never **110** often
111 only

学習に関する語（1）

	単語・発音	意味	1回目	2回目	3回目
112	study [stádi] ス**タ**ディ	勉強する			
113	answer [ǽnsər] **ア**ンサ	答える			
114	understand [ʌ̀ndərstǽnd] アンダス**タ**ぁンド	わかる			
115	way [wéi] **ウェ**イ	道			
116	course [kɔ́ːrs] **コ**ース	進路			
117	homework [hóumwə̀ːrk] **ホ**ウムワ～ク	宿題			

数量・まとまりを表す語（1）

118	half [hǽf] **ハ**ぁふ	半分の			
119	quarter [kwɔ́ːrtər] ク**ウォ**ータ	4分の1			
120	double [dʌ́bl] **ダ**ブる	二重の			
121	couple [kʌ́pl] **カ**プる	2つの…，2～3の…			

数を表す語

122	both [bóuθ] **ボ**ウす	両方の			
123	either [íːðər] **イ**ーざ	どちらかの			
124	next [nékst] **ネ**クスト	次の			
125	every [évri] **エ**ヴリ	すべての			
126	several [sévərəl] **セ**ヴるる	いくつかの，数人[個]の			
127	equal [íːkwəl] **イ**ークワる	等しい			
128	another [ənʌ́ðər] ア**ナ**ざ	もうひとつの			

時間を表す語（1）

129	date [déit] **デ**イト	日付			
130	tonight [tənáit] トゥ**ナ**イト	今夜は			
131	midnight [mídnàit] **ミ**ッドナイト	真夜中			
132	weekend [wíːkènd] **ウィ**ーケンド	週末			

answers

112 study	113 answer	114 understand	115 way	116 course
117 homework	118 half	119 quarter	120 double	121 couple
122 both	123 either	124 next	125 Every	126 several

英語を勉強する	s_____	English
質問に答える	a_____	the question
英語がわかる	u_____	English
駅へ行く道	the w_____	to the station
進路を変える	change one's c_____	
宿題をする	do one's h_____	

30分	h_____	an hour
15分	a q_____	of an hour
二重錠	a d_____	lock
2～3時間	a c_____	*of hours*

両手	b_____	hands
どちらかの方法	e_____	way
翌月	n_____	month
すべての生徒がテストを受けなければならない。	E_____ student has to take the test.	
数回	s_____	times
このクラスの男子の数と女子の数は等しい。	There are an e_____ number of boys and girls in this class.	
もうひとつリンゴをもらっていいですか。	Can I have a_____ apple?	

今日は何日ですか。	What's the d_____ today?
今夜はおひまですか。	Are you free t_____?
真夜中に	at m_____
週末に	on the w_____

---

127 equal **128** another **129** date **130** tonight **131** midnight
132 weekend

数量・まとまりを表す語（2）

単語・発音	意味	1回目	2回目	3回目
133 pair [péər] ペア	1組			
134 once [wáns] ワンス	1度			
135 twice [twáis] トワイス	2度			

基本的な助動詞

単語・発音	意味	1回目	2回目	3回目
136 will [wíl] ウィる	～することになっている, ～するつもりだ, ～してくれませんか			
137 may [méi] メイ	～してもよい, ～かもしれない			
138 must [mást] マスト	～しなければならない, ～に違いない			
139 can [kæn] キぁン	～することができる, ～してもよい, ～のはずがない			
140 shall [ʃæl] シぁる	～しましょうか			

同異・難易

単語・発音	意味	1回目	2回目	3回目
141 same [séim] セイム	同じ			
142 different [dífərənt] ディふァレント	違った			
143 difficult [dífikʌlt] ディふィカるト	難しい			
144 easy [íːzi] イーズィ	楽な			
145 real [ríːəl] リーアる	本物の			
146 simple [símpl] スィムプる	簡単な			

始まる・終わる

単語・発音	意味	1回目	2回目	3回目
147 start [stáːrt] スタート	始まる			
148 begin [bigín] ビギン	始める			
149 finish [fíniʃ] ふィニッシュ	終える			
150 end [énd] エンド	終える			

Answers
- 133 pair
- 134 once
- 135 twice
- 136 will will Will
- 137 may may
- 138 must must
- 139 can can cannot
- 140 Shall
- 141 same
- 142 different different
- 143 difficult
- 144 easy
- 145 real
- 146 simple
- 147 starts

1足のくつ	a p_____ of shoes
1週間に**1度**	o_____ a week
1日に**2度**	t_____ a day

彼女は来月18歳に**なる**。	She w_____ be 18 next month.
私は最善を尽くす**つもりだ**。	I w_____ do my best.
ドアを閉めて**くれませんか**。	W_____ *you close* the door, please?
もう家に帰って**よろしい**。	You m_____ go home now.
彼の話は本当**かもしれない**。	His story m_____ be true.
私は今夜，宿題を終わらせ**なければならない**。	I m_____ finish my homework tonight.
彼は疲れているに**違いない**。	He m_____ be tired.
彼は英語をとても上手に話す**ことができる**。	He c_____ speak English very well.
この自転車を使っても**よい**。	You c_____ use this bicycle.
その話が本当の**はずがない**。	The story c_____ be true.
窓を開け**ましょうか**。	S_____ *I open* the window?

君のコンピュータは私のものと**同じ**だ。	Your computer is *the* s_____ as mine.
違った方法	a d_____ way
僕の考えは君のものとは**違っている**。	My idea *is* d_____ *from* yours.
難問	a d_____ question
楽な仕事	e_____ work
本物のダイヤモンド	a r_____ diamond
簡単な英語で書く	write in s_____ English

コンサートは7時に**始まる**。	The concert s_____ at seven.
その赤ちゃんは泣き**始めた**。	The baby b_____ to cry.
私はその本を読み**終えた**。	I f_____ reading the book.
彼は短いスピーチでパーティーを**終えた**。	He e_____ the party with a short speech.

148 began　　**149** finished　　**150** ended

基本動詞② come

"Breakfast is ready." "I'm _____."	「朝食の用意ができましたよ」「今**行き**ます」
Come here quick!	すぐこっちに（　　　）！
She **came** late.	彼女は遅れて（　　　）。
151 We **come** here every summer.	私たちは毎年夏にここを（　　　）。
Spring has **come**.	春が（　　　）。
Can Jim **come** too?	ジムも（　　　）いいですか。
152 She _____ _____ Texas.	彼女はテキサス州の**出身だ**。
153 I've never _____ _____ anyone like her.	これまで彼女のような人**に出会った**ことはない。
154 My cat _____ _____ of the basket.	私の猫は，かごから**出てきた**。
155 She was _____ _____ the stairs.	彼女は階段**を降りてき**ていた。
156 May I _____ _____ ?	**入って**もいいですか。
157 Would you like to _____ _____ _____ us?	私たち**といっしょに行き**ませんか。
158 She _____ _____ a good idea.	彼女はいい考え**を思いついた**。

Answers

151 coming　来なさい　到着した　訪れる　来た　行って　**152** comes from　**153** come across
154 came out　**155** coming down　**156** come in　**157** come along with　**158** came up with

Dialogue ② 紹介する

159	リサ：**すみません**，隣に座っていいですか？	Lisa:	_____ _____, can I sit next to you?
160	浩：ええ，**どうぞ**。	Hiro:	Sure, _____ _____.
	リサ：ありがとう。私，リサです。	Lisa:	Thanks, I'm Lisa.
	浩：やあ，ぼくは浩です。	Hiro:	Hi, I'm Hiro.
161	リサ：浩，**あなたはどこの出身ですか？**	Lisa:	Where _____ _____ _____, Hiro?
	浩：ぼくは新潟出身です。	Hiro:	I'm from Niigata.
	リサ：本当に？ 私は新潟にいとこがいるわ。	Lisa:	Oh really? I have a cousin in Niigata.
162	リサ：アンソニー，**こちらは**私の新しい友人の浩です。	Lisa:	Anthony, _____ _____ my new friend Hiro.
	アンソニー：こんにちは，浩。	Anthony:	Hi, Hiro.
	浩：こんにちは，アンソニー。	Hiro:	Hi, Anthony.
	リサ：アンソニーは日本美術について学んでいるの。	Lisa:	Anthony is studying Japanese art.
163	浩：**それは興味深いね！**あなたの好きな芸術家はだれですか？	Hiro:	That _____ _____ ! Who is your favorite artist?
164	アンソニー：**うーん**。たくさんいるんだよね。	Anthony:	_____ ... I like many of them.
	リサ：私は江戸時代の芸術家が好きよ。	Lisa:	I like artists from the Edo period.

Answers
- 159 Excuse me
- 160 go ahead
- 161 are you from
- 162 this is
- 163 sounds interesting
- 164 Well

身につけておきたい熟語①

165	公園に**たくさんの**遊んでいる子どもがいた。	There were _____ _____ _____ children playing in the park.
166	この計画には**いくつかの**問題がある。	This plan has _____ n_____ _____ problems.
167	彼女は，競技場のまわりで**何百もの**人を見た。	She saw h_____ _____ people around the stadium.
168	私たちは最終電車**に間に合う**だろうか。	Will we be i_____ _____ _____ the last train?
169	**時間通りに**そこに着きましたか。	Did you get there o_____ _____?
170	**すぐに**寝なさい。	Go to bed a_____ _____.
171	コンサートは**すぐに**始まるだろう。	The concert will start r_____ _____.
172	私の両親は**このごろ**外出しない。	My parents don't go out t_____ _____.
173	**そのころは**，私はコックとして働いていた。	_____ t_____ _____, I was working as a cook.
174	私はその映画を**少なくとも**5回は見たことがある。	I have seen that movie _____ l_____ five times.
175	駅までは**せいぜい**10分だろう。	It will take _____ m_____ ten minutes to get to the station.

Answers
165 a lot of　166 a number of　167 hundreds of　168 in time for　169 on time
170 at once　171 right away　172 these days　173 In those days　174 at least
175 at most

顔と体：face and body

単語・発音	意味	1回目	2回目	3回目
face [féis] ふェイス	顔			
lip [líp] りップ	くちびる			
mouth [máuθ] マウす	口			
cheek [tʃíːk] チーク	ほお			
teeth [tíːθ] ティーす	歯（複）			
tooth [túːθ] トゥーす	歯（単）			
head [héd] ヘッド	頭			
hair [héər] ヘア	髪			
eyebrow [áibrau] アイブラウ	まゆ			
eye [ái] アイ	目			
ear [íər] イア	耳			
nose [nóuz] ノウズ	鼻			
neck [nék] ネック	首			
chin [tʃín] チン	下あご			
body [bádi] バディ	体			
shoulder [ʃóuldər] ショウるダ	肩			
arm [áːrm] アーム	腕			
hand [hǽnd] ハぁンド	手			
finger [fíŋgər] ふィンガ	指			
elbow [élbou] エるボウ	ひじ			
chest [tʃést] チェスと	胸			
leg [lég] れッグ	脚			
foot [fút] ふット	足（単）			
feet [fíːt] ふィート	足（複）			
knee [níː] ニー	ひざ			
toe [tóu] トウ	足指			
heel [híːl] ヒーる	かかと			

もっと書いてみよう！

	意 味	1回目	2回目	3回目
	( )			
	( )			
	( )			
	( )			
	( )			
	( )			
	( )			
	( )			
	( )			
	( )			
	( )			
	( )			
	( )			
	( )			
	( )			
	( )			
	( )			
	( )			
	( )			
	( )			
	( )			
	( )			
	( )			
	( )			
	( )			
	( )			
	( )			
	( )			
	( )			
	( )			
	( )			

Level 2　176-349

ここからは中学校で学ぶ語だけではなく，少しだけ難しい語にも挑戦してみましょう。感情や基本動作などの表現を覚えましょう。

ここで学ぶ単語の種類

- 感情を表す形容詞
- 手を使う（2）
- 植物・作物に関する語
- 図・絵
- SVCで使われる動詞
- 基本的な行動
- 時間を表す語（2）
- 意志を表す語
- 問題・理由・正誤
- 推測を表す副詞
- 程度を表す語
- お金に関する語（1）
- 基本動詞③　give
- Dialogue③　道順をたずねる・確認する
- 心の動き（2）
- 対にして覚える動詞
- 心の動き（3）
- 対にして覚える形容詞／副詞
- 接続詞・前置詞
- 言語活動（1）
- お金に関する語（2）
- 言語活動（2）
- 移動を表す語（2）
- お金に関する語（3）
- 基本動詞④　get
- Dialogue④　電話での会話
- 身につけておきたい熟語②
- 身につけるもの：clothing

感情を表す形容詞

	単語・発音	意味	1回目	2回目	3回目
176	happy [hǽpi] ハぁピィ	うれしい			
177	glad [glǽd] グらぁッド	うれしく思う			
178	sad [sǽd] サぁッド	悲しい			
179	lonely [lóunli] ろウンり	さびしい			
180	alone [əlóun] アろウン	ただひとりの			
181	angry [ǽŋgri] あングリ	腹を立てた			
182	sorry [sári] サリ	すまなく思って			
183	afraid [əfréid] アふレイド	恐れて			

手を使う（2）

184	hold [hóuld] ホウるド	持つ			
185	carry [kǽri] キぁリ	運ぶ			
186	set [sét] セット	置く			

植物・作物に関する語

187	farm [fá:rm] ふァーム	農場			
188	crop [kráp] クラップ	農作物			
189	seed [sí:d] スィード	種			
190	grass [grǽs] グラぁス	草			
191	branch [brǽntʃ] ブラぁンチ	枝			
192	flower [fláuər] ふらウア	花			
193	rose [róuz] ロウズ	バラ			
194	root [rú:t] ルート	根			

図・絵

195	picture [píktʃər] ピクチャ	絵			
196	line [láin] らイン	線			
197	draw [dró:] ドロー	描く			
198	paint [péint] ペイント	ペンキを塗る			
199	side [sáid] サイド	側			
200	part [pá:rt] パート	部分			
201	symbol [símbəl] スィムブる	象徴			

Answers

176 happy	177 glad	178 sad	179 lonely	180 alone
181 angry	182 sorry	183 afraid	184 hold	185 carried
186 set	187 farm	188 crops	189 seeds	190 grass

あなたに会えて**とてもうれしい**です。	I'm so h_____ to see you.
その知らせを聞いて**うれしく思う**。	I'm g_____ to hear the news.
悲しい映画	a s_____ movie
さびしく思う	feel l_____
私はその時,家で**ただひとり**だった。	I was a_____ at home then.
彼女は彼に**腹を立てた**。	She got a_____ at him.
私は自分の間違いを**すまなく思って**いる。	I'm s_____ about my mistake.
私の母は犬を**恐れる**。	My mother is a_____ of dogs.
私のかばんを**持って**もらえますか。	Will you h_____ the bag for me?
私は自分の部屋にその箱を**運んだ**。	I c_____ the box to my room.
テーブルにお皿を**置いて**ください。	Please s_____ the dishes on the table.
農場で働く	work on a f_____
農作物を育てる	grow c_____
ひまわりの**種**	sunflower s_____
草原	a field of g_____
枝の上の鳥	birds on the b_____
花屋	a f_____ shop
赤い**バラ**	a red r_____
木の**根**	r_____ of a tree
有名な**絵**[写真]	a famous p_____
直**線**	a straight l_____
地図を**描く**	d_____ a map
壁に**ペンキを塗る**	p_____ the wall
道路の右**側**	the right s_____ of the road
中心的な**部分**	a central p_____
平和の**象徴**	a s_____ of peace

191 branches　192 flower　193 rose　194 roots　195 picture
196 line　197 draw　198 paint　199 side　200 part
201 symbol

SVCで使われる動詞

	単語・発音	意味	1回目	2回目	3回目
202	seem [síːm] スィーム	～のように思われる [見える]			
203	sound [sáund] サウンド	～（のよう）に聞こえる			
204	taste [téist] テイスト	味がする			
205	smell [smél] スメる	においがする			
206	appear [əpíər] アピア	～のように見える			
207	remain [riméin] リメイン	～のままである			

基本的な行動

	単語・発音	意味	1回目	2回目	3回目
208	try [trái] トライ	やってみる			
209	stay [stéi] ステイ	とどまる			
210	eat [íːt] イート	食べる			
211	catch [kǽtʃ] キぁッチ	つかまえる			
212	touch [tʌ́tʃ] タッチ	さわる			

時間を表す語（2）

	単語・発音	意味	1回目	2回目	3回目
213	moment [móumənt] モウメント	瞬間			
214	second [sékənd] セカンド	秒			
215	minute [mínət] ミニット	分			
216	hour [áuər] アウア	1時間			
217	century [séntʃəri] センチュリ	世紀			
218	age [éidʒ] エイヂ	年齢			
219	future [fjúːtʃər] ふユーチャ	将来			
220	past [pǽst] パぁスト	過去			
221	present [préznt] プレズント	現在			
222	period [píəriəd] ピアリアド	期間			

意志を表す語

	単語・発音	意味	1回目	2回目	3回目
223	need [níːd] ニード	必要とする			
224	believe [bilíːv] ビりーヴ	信じる			
225	decide [disáid] ディサイド	～することに決める			

Answers

202 seems　seems	203 sounds	204 tastes	205 smells	206 appears
207 remained	208 tried	209 stay	210 eat	211 catch
212 touch	213 moment	214 seconds	215 minutes	216 hour

その話は本当**のように思われる**。	The story s_____ (to *be*) true.
彼はいい子**のように思われる**。	*It* s_____ *that* he is a nice boy.
それはよさそうに**聞こえるね**。	That s_____ *nice*.
このケーキはいい**味がする**。	This cake t_____ *good*.
この花は甘い**においがする**。	This flower s_____ *sweet*.
彼女は幸せ**そうに見える**。	She a_____ *happy*.
生徒全員が沈黙した**ままであった**。	All the students r_____ *silent*.

彼はドアを開け**ようとした**が，できなかった。	He t_____ to *open* the door, but couldn't.
家に**とどまる**	s_____ at home
リンゴを**食べる**	e_____ an apple
魚を**つかまえる**	c_____ a fish
絵に**さわって**はいけません。	Don't t_____ the paintings.

その**瞬間**	at that m_____
約30**秒**	about 30 s_____
数分で	in a few m_____
1**時間**後	an h_____ later
13**世紀**に	in the 13th c_____
5**歳**のときに	*at the* a_____ *of* five
近い**将来**に	in the near f_____
過去に	in *the* p_____
現在のところは	for *the* p_____
長い**期間**	for a long p_____

私にはもっと時間が**必要だ**。	I n_____ more time.
私は自分の目が**信じ**られなかった。	I couldn't b_____ my eyes.
彼は医者になる**ことに決めた**。	He d_____ *to be* a doctor.

---

217 century　　**218** age　　**219** future　　**220** past　　**221** present
222 period　　**223** need　　**224** believe　　**225** decided

問題・理由・正誤

	単語・発音	意味	1回目	2回目	3回目
226	important [impɔ́:rtənt] イムポータント	重要な			
227	problem [prábləm] プラブれム	問題			
228	right [ráit] ライト	正しい			
229	wrong [rɔ́:ŋ] ローング	間違った			
230	reason [rí:zn] リーズン	理由			
231	fact [fǽkt] ふぁクト	事実			
232	information [infərméiʃən] インふァメイション	情報			
233	correct [kərékt] コレクト	正しい			

推測を表す副詞

	単語・発音	意味	1回目	2回目	3回目
234	perhaps [pərhǽps] パハぁップス	もしかすると			
235	maybe [méibi] メイビ	たぶん			
236	probably [prábəbli] プラバブり	おそらく			

程度を表す語

	単語・発音	意味	1回目	2回目	3回目
237	enough [inʌ́f] イナふ	十分な			
238	plenty [plénti] プレンティ	たっぷりの			
239	quite [kwáit] クワイト	かなり			
240	nearly [níərli] ニアり	ほとんど			
241	almost [ɔ́:lmoust] オーるモウスト	ほとんど			
242	especially [ispéʃəli] イスペシャり	特に			
243	rapidly [rǽpidli] ラぁピドり	急速に			

お金に関する語 (1)

	単語・発音	意味	1回目	2回目	3回目
244	expensive [ikspénsiv] イクスペンスィヴ	高価な			
245	cheap [tʃí:p] チープ	安い			
246	pay [péi] ペイ	支払う			

Answers

226 important　227 problem　228 right　229 wrong　230 reasons
231 facts　fact　232 information　233 correct　234 Perhaps　235 Maybe
236 probably　237 enough　enough　238 plenty　239 quite　240 nearly

重要な会議	an i_____ meeting
問題を解決する	solve a p_____
あなたは正しい。	You are r_____ .
間違った答え	a w_____ answer
健康上の理由で	for health r_____
事実を知る	know the f_____
実は，彼はあなたよりずっと年上だ。	In f_____ , he is much older than you.
追加情報	more i_____
正解	the c_____ answer

もしかすると彼は来るでしょう。	P_____ he will come.
たぶん私が間違っている。	M_____ I am wrong.
おそらく彼らのチームが試合に勝つだろう。	Their team will p_____ win the game.

私たちは全員に十分な食べ物がある。	We have e_____ food for all of us.
彼は運転するのに十分な年齢だ。	He is old e_____ *to drive*.
たっぷりの時間	p_____ *of* time
この問題はかなり簡単だ。	This question is q_____ easy.
そのカップはほとんどからである。	The cup is n_____ empty.
ほとんど用意ができた。	I'm a_____ ready.
私は果物が，特にオレンジが好きだ。	I like fruit, e_____ oranges.
世界は急速に変化している。	The world is changing r_____ .

高価な車	an e_____ car
安い服	c_____ clothes
5ドル支払う	p_____ five dollars

241 almost　　242 especially　　243 rapidly　　244 expensive　　245 cheap
246 pay

基本動詞③ give

I _____ him a ticket.	私は彼にチケットを**あげた**。
He **gave** the map *to* her.	彼は彼女**に**地図を（　　　）。
247 They **gave** the waiter a big tip.	彼らはウェイターにたくさんのチップを（　　　）。
He **gave** *a big shout*.	彼は**大声**（　　　）。
The sun **gives** us heat and light.	太陽は私たちに熱と光を（　　　）くれる。
248 My father _____ _____ smoking.	私の父はたばこ**をやめた**。
249 I'll _____ the money _____ to you later.	あとで君にお金**を返す**よ。
250 She never _____ easily.	彼女は決して簡単に**降参し**ない。
251 _____ me _____ when you come home.	家に帰ったら私**に電話をして**。
252 I've never _____ _____ before.	私は今まで**スピーチをした**ことがない。
253 Sally _____ _____ a boy last month.	サリーは先月男の子**を産んだ**。

Answers
247 gave　渡した　あげた　を上げた　与えて　　248 gave up　　249 give / back
250 gives in　　251 Give / a call　　252 given a speech　　253 gave birth to

Dialogue ③ 道順をたずねる・確認する

254	リサ：すみません，図書館**への道を教えていただけますか？**	Lisa: Excuse me, could you _____ _____ to the library?
255	男性：はい。**この道を行って**，止まれの標識のところを左に曲がってください。	Man: Sure. Go _____ _____ _____ and turn left at the stop sign.
	リサ：左ですか？	Lisa: Turn left?
	男性：そうです。そして3ブロックほど歩いて右に曲がってください。	Man: Yes. Then walk for about three blocks and turn right.
256	リサ：**もういちど言っていただけますか？** 3ブロックで曲がるのは…？	Lisa: _____ _____ ? Three blocks and turn ...?
257	男性：右に曲がってください。**左手側にあります**。	Man: Turn right. You'll _____ _____ _____ your left.
	リサ：わかりました。ありがとうございました！	Lisa: OK. Thank you very much!
	男性：どういたしまして。	Man: You're welcome.
258	ピーター：真理，ぼくは渋谷駅に行かなければならないんだ。**どの電車に乗ればいい？**	Peter: Mari, I have to go to Shibuya Station. _____ _____ should _____ _____ ?
	真理：山手線に乗るのよ。	Mari: Take the Yamanote line.
259	ピーター：急いでいるんだ。**どれくらい時間がかかる？**	Peter: I'm in a hurry. _____ _____ does _____ _____ ?
	真理：30分くらいかな。	Mari: About 30 minutes.
	ピーター：しまった。遅刻する。何番線かな？	Peter: Oh, no. I'll be late. Which platform is it?
260	真理：ええと，3番線よ。**こっちよ，案内してあげる**。	Mari: Let me see. It's platform 3. _____ _____ , I'll _____ _____ .
	ピーター：ありがとう！	Peter: Thank you!

Answers
254 tell me the way　255 down this street　256 Pardon me　257 see it on
258 Which train / I take　259 How long / it take
260 This way / show you

心の動き (2)

	単語・発音	意味	1回目	2回目	3回目
261	forget [fərgét] ふァゲット	忘れる			
262	wish [wíʃ] ウィッシュ	願う, 〜であればいいと思う, 願い			
263	mind [máind] マインド	いやがる, 注意する			
264	care [kéər] ケア	気にする, 世話			
265	certain [sə́ːrtən] サ〜トン	確信している			

対にして覚える動詞

	単語・発音	意味	1回目	2回目	3回目
266	lose [lúːz] るーズ	負ける, なくす			
267	win [wín] ウィン	勝つ			
268	increase [inkríːs] インクリース	増やす			
269	decrease [dìkríːs] ディクリース	減らす			
270	send [sénd] センド	送る			
271	receive [risíːv] リスィーヴ	受け取る			
272	pull [púl] プる	引く			
273	push [púʃ] プッシュ	押す			
274	break [bréik] ブレイク	壊す			
275	build [bíld] ビるド	建てる			

心の動き (3)

	単語・発音	意味	1回目	2回目	3回目
276	challenge [tʃǽlindʒ] チぁリンヂ	挑戦			
277	interest [íntərəst] インタレスト	興味			
278	wonder [wʌ́ndər] ワンダ	〜かなと思う			

Answers

261 forget　262 wish　wish　wish　263 mind　Mind　264 care　care　265 certain
266 lose　lose　267 win　268 increase　269 decrease　270 send
271 receive　272 pull　273 push　274 break　275 build

人の名前を忘れる	f_____	someone's name
平和を願う	w_____	*for* peace
私が鳥であればいいのに。	I w_____	I *were* a bird.
願いごとをする	make a w_____	
窓を開けてくれませんか。	Would you m_____	*opening* the window?
マナーに注意しなさい。	M_____	your manners.
私は気にしない。	I don't c_____	.
少年はその犬の世話をした。	The boy *took* c_____	*of* the dog.
私は彼が勝つと確信している。	I am c_____	that he will win.

試合に負ける	l_____	the game
鍵をなくす	l_____	a key
レースに勝つ	w_____	a race
人の数を増やす	i_____	the number of people
事故を減らす	d_____	accidents
誕生日カードを送る	s_____	a birthday card
手紙を受け取る	r_____	a letter
ロープを引く	p_____	the rope
ボタンを押す	p_____	the button
機械を壊す	b_____	a machine
家を建てる	b_____	a house

挑戦する	take on a c_____	
音楽への興味	an i_____	*in* music
雨が降るかな。	I w_____	*if* it will rain.

276 challenge　　277 interest　　278 wonder

対にして覚える形容詞／副詞

	単語・発音	意味	1回目	2回目	3回目
279	close [klóus] ク**ろ**ウス	近い, 親しい			
280	far [fá:r] **ふ**ァー	遠い, 遠くに			
281	full [fúl] **ふ**る	いっぱいの			
282	empty [émpti] **エ**ムプティ	からの			
283	hard [há:rd] **ハ**ード	かたい			
284	soft [só:ft] **ソ**ーふト	やわらかい			
285	strong [stró:ŋ] スト**ロ**ーング	強い			
286	weak [wí:k] **ウィ**ーク	弱い			
287	able [éibl] **エ**イブる	～することができる			
288	unable [ʌnéibl] ア**ネ**イブる	～することができない			
289	possible [pásəbl] **パ**スィブる	可能な			
290	impossible [impásəbl] イム**パ**スィブる	無理な			

接続詞・前置詞

	単語・発音	意味	1回目	2回目	3回目
291	if [íf] **イ**ふ	もし～ならば, ～かどうか			
292	because [bikɔ́:z] ビ**コ**ーズ	～だから			
293	while [hwáil] **ワ**イる	～している間に			
294	whether [hwéðər] **ウェ**ざ	～かどうか			
295	though [ðóu] **ぞ**ウ	～だけれども			
296	since [síns] **スィ**ンス	～してから, ～だから			
297	unless [ənlés] アン**れ**ス	もし～でなければ			
298	except [iksépt] イク**セ**プト	除いて			

言語活動（1）

	単語・発音	意味	1回目	2回目	3回目
299	lie [lái] **ら**イ	うそをつく, うそ			
300	thank [θǽŋk] **さぁ**ンク	礼を言う			

Answers

- 279 close close
- 280 far far
- 281 full
- 282 empty
- 283 hard
- 284 soft
- 285 strong
- 286 weak
- 287 able
- 288 unable
- 289 possible
- 290 impossible
- 291 If if
- 292 because
- 293 while

Level 2 279-300 47

駅に**近い**	c_____ to the station
親友	a c_____ friend
遠い国	a f_____ country
遠く離れて	f_____ away
そのバスは学生で**いっぱい**だった。	The bus *was* f_____ *of* students.
からの箱	an e_____ box
かたい地面	the h_____ ground
やわらかいベッド	a s_____ bed
強い腕	s_____ arms
弱い選手	a w_____ player
彼は3か国語を話す**ことができる**。	He *is* a_____ *to speak* three languages.
私は昨夜よく眠る**ことができなかった**。	I *was* u_____ *to sleep* well last night.
その試合のチケットを手に入れることは**可能**ですか。	Is it p_____ to get tickets for the game?
それは**無理だ**。	That's i_____ .

もし明日雨が降れ**ば**，ここにいます。	I_____ it *rains* tomorrow, I will stay here.
彼が明日来る**かどうか**わかりません。	I don't know i_____ he *will* come tomorrow.
雪が降っていた**から**，私たちは外出できなかった。	We couldn't go out b_____ it was snowing.
テレビを見て**いる間に**，私の父が帰ってきた。	My father came home w_____ I was watching TV.
彼が来る**かどうか**はっきりはわからない。	I am not sure w_____ he will come.
私は気分が悪かった**けれども**，パーティーに行った。	T_____ I felt sick, I went to the party.
高校時代**から**，私たちはずっと友だちだ。	We *have been* friends s_____ high school.
病気だった**から**，彼女は外出できなかった。	S_____ she was ill, she couldn't go out.
もしあなたが言えと言わ**なければ**，彼に言うつもりはありません。	I won't tell him u_____ you tell me to.
私たちは日曜日**を除いて**毎日働く。	We work every day e_____ Sunday.

彼は私に**うそをついた**。	He l_____ to me.
うそをつく	tell a l_____
彼女に**お礼を言う**のを忘れた。	I forgot to t_____ her.

294 whether 295 Though 296 since Since 297 unless 298 except
299 lied lie 300 thank

48 DATE ・ ・

📝 お金に関する語（2）

単語・発音	意味	1回目	2回目	3回目
301 spend [spénd] スペンド	使う			
302 price [práis] プライス	値段			
303 cost [kɔ́ːst] コースト	費用, かかる			
304 business [bíznəs] ビズネス	仕事			
305 bill [bíl] ビる	勘定（書）			
306 fare [féər] ふェア	（乗り物の）料金			
307 charge [tʃɑ́ːrdʒ] チャーヂ	（サービスに対する）料金			

📝 言語活動（2）

308 explain [ikspléin] イクスプれイン	説明する			
309 agree [əgríː] アグリー	同意する			
310 report [ripɔ́ːrt] リポート	報告する			
311 accept [əksépt] アクセプト	受け取る			
312 introduce [intrədjúːs] イントロデュース	紹介する			

📝 移動を表す語（2）

313 follow [fálou] ふァろウ	ついて行く			
314 arrive [əráiv] アライヴ	着く			
315 reach [ríːtʃ] リーチ	着く			
316 enter [éntər] エンタ	入る			
317 approach [əpróutʃ] アプロウチ	近づく			
318 fall [fɔ́ːl] ふォーる	落ちる			
319 pass [pǽs] パぁス	手渡す			
320 step [stép] ステップ	踏む			
321 flow [flóu] ふろウ	流れる			

📝 お金に関する語（3）

322 fund [fʌ́nd] ふァンド	資金			
323 tax [tǽks] タぁクス	税金			
324 earn [ɚ́ːrn] ア〜ン	かせぐ			
325 waste [wéist] ウェイスト	無駄に使う			

Answers

301 spend	302 price	303 cost costs	304 business	305 bill
306 fare	307 charges	308 explain	309 agree	310 report
311 accept	312 introduced	313 follow	314 arrive	315 reach

Level 2　301-325　49

すべてのお金を**使う**	s_____ all the money
安値で	at a low p_____
生活**費**	the c_____ of living
その服は200ドル**かかる**。	The dress c_____ 200 dollars.
仕事で	on b_____
勘定を払う	pay a b_____
バス**料金**	a bus f_____
電話**代**	telephone c_____

事実を**説明する**	e_____ the fact
あなたに**同意する**。	I a_____ *with* you.
ニュースを**報告する**	r_____ the news
贈り物を**受け取る**	a_____ a gift
彼女は私に友人を**紹介して**くれた。	She i_____ me *to* her friends.

ガイドに**ついて行く**	f_____ the guide
駅に**着く**	a_____ *at* the station
ロンドンに8時半に**着く**	r_____ London at 8:30
部屋に**入る**	e_____ the room
家に**近づく**	a_____ the house
穴の中に**落ちる**	f_____ *into* a hole
塩を**手渡す**	p_____ the salt
足を**踏む**	s_____ *on* one's foot
川が**流れる**	the river f_____

研究のための**資金**	f_____ for research
高い**税金**	high t_____
お金を**かせぐ**	e_____ money
時間を**無駄に使う**	w_____ time

---

316 enter　**317** approach　**318** fall　**319** pass　**320** step
321 flows　**322** funds　**323** taxes　**324** earn　**325** waste

基本動詞④ get

She _____ a new bag.	彼女は新しいかばんを**買った**。
She **got** the information from the Internet.	彼女はインターネットから情報を（　　　）。
I **got** my driver's license last year.	私は去年運転免許を（　　　）。
I **got** a call from him this morning.	今朝彼から電話を（　　　）。
Do you **get** much rain here?	ここは雨が多く（　　　）ますか。
He has **gotten** old.	彼は**年**を（　　　）。
She **got** *angry* at me.	彼女は私に対して**腹**を（　　　）。
He **got** *sick*.	彼は**病気に**（　　　）。
327 I usually _____ _____ at seven.	私はたいてい7時に**起きる**。
328 They _____ _____ *of* the car.	彼らは車から**降りた**。
329 The kids _____ _____ the school bus.	子どもたちはスクールバスに**乗った**。
330 They _____ _____ the police.	彼らは警察**から逃げた**。
331 I'm _____ _____ *with* Judy very well.	私はジュディととても**うまくやって**いる。
332 We all hope that you _____ _____ soon.	私たちはみんな、あなたがすぐに**よくなる**ことを願っています。

Answers
326 got　得た　取った　受けた　降り　とった　立てた　なった　327 get up　328 got out
329 got on　330 got away from　331 getting along　332 get well

Dialogue ④ 電話での会話

Level 2　326-338

フォード夫人：もしもし？	*Mrs. Ford*: Hello?
333　真理：もしもし？フォードさんですか？私は真理です。ピーター**をお願いできますか？**	*Mari*: Hello? Mrs. Ford? This is Mari. _____ Peter, please?
334　フォード夫人：ええ，真理。ちょっと**お待ちください**。	*Mrs. Ford*: Sure, Mari. _____ , please.
真理：ありがとうございます。	*Mari*: Thank you.
ピーター：もしもし？	*Peter*: Hello?
335　真理：こんにちは，ピーター。真理です。**お願いをしてもいい？**	*Mari*: Hi Peter. It's Mari. Can I _____ a _____ ?
ピーター：いいよ，なんだい？	*Peter*: Sure. What is it?
真理：今日，私の歴史の宿題を手伝ってもらえない？	*Mari*: Could you help me with my history homework today?
受付：こんにちは。	*Receptionist*: Good afternoon.
ブライアン：こんにちは，ロイ・ジョーンズ氏をお願いできますか？	*Brian*: Hi, may I speak to Roy Jones, please?
336　受付：**申し訳ございません，**ロイはただいま外出中です。**伝言をうかがいましょうか？** 337	*Receptionist*: I'm _____ , Roy is not in the office at the moment. May I _____ ?
ブライアン：ええ，私が電話をしたことを伝えていただけますか？	*Brian*: Yes. Could you tell him that I called?
338　受付：かしこまりました。**お名前をいただけますか？**	*Receptionist*: Sure. May I _____ , please?
ブライアン：スミスです。ブライアン・スミスです。	*Brian*: Smith, Brian Smith.
受付：ブライアン・スミス様。わかりました。それではよい1日を。	*Receptionist*: Brian Smith. OK. Have a nice day.
ブライアン：ありがとうございます。失礼します。	*Brian*: Thank you very much. Bye.

Answers
333 May I speak to　334 Hold on　335 ask you / favor　336 sorry　337 take a message
338 have your name

身につけておきたい熟語②

339	かくれんぼはゲーム**の一種**です。	Hide-and-seek is _____ k_____ game.
340	当店には多くの外国の商品があります。**たとえば**, これらのかばんはイタリア製です。	Our store has many foreign goods. These bags, _____ e_____, are made in Italy.
341	彼はテストは簡単だと言っていたが, **実際は**とても難しかった。	He said the test was easy, but i_____ _____ it was very difficult.
342	最終電車に乗り遅れた。**言いかえれば**, 私たちはそこへ歩いて行かなければならないということだ。	We missed the last train. _____ o_____ _____, we have to walk there.
343	その車は私の家**の前に**止まった。	The car stopped _____ f_____ my house.
344	彼女は私の部屋**の真ん中に**座った。	She sat _____ _____ m_____ my room.
345	バスの中で私は彼**のとなりに**座った。	I sat n_____ _____ him on the bus.
346	2年間ジム**から連絡をもらって**いない。	We haven't h_____ _____ Jim for two years.
347	私はその音楽家**のことを耳にした**ことがない。	I've never h_____ _____ that musician.
348	私は友人にあげる贈り物**を探して**いる。	I'm l_____ _____ a gift for my friend.
349	私はこの単語を辞書で**調べて**みるよ。	I'll l_____ _____ this word in the dictionary.

Answers
339 a kind of　340 for example　341 in fact　342 In other words　343 in front of
344 in the middle of　345 next to　346 heard from　347 heard of　348 looking for
349 look up

身につけるもの：clothing

単語・発音	意 味	1回目	2回目	3回目
hat [hǽt] ハぁット	（ふちのある）ぼうし			
scarf [skáːrf] スカーふ	スカーフ			
handkerchief [hǽŋkərtʃif] ハぁンカチふ	ハンカチ			
belt [bélt] べルト	ベルト			
dress [drés] ドレス	ドレス			
shirt [ʃə́ːrt] シャ～ト	シャツ			
tie [tái] タイ	ネクタイ			
coat [kóut] コウト	コート			
button [bʌ́tən] バトン	ボタン			
pants [pǽnts] パぁンツ	ズボン			
shoes [ʃúːz] シューズ	靴			
glasses [glǽsiz] グらぁスィズ	めがね			
sweater [swétər] スウェタ	セーター			
gloves [glʌ́vz] グらヴズ	手袋			
skirt [skə́ːrt] スカ～ト	スカート			
boots [búːts] ブーツ	ブーツ			
cap [kǽp] キぁップ	（ふちのない）ぼうし			
pocket [pákət] パキト	ポケット			
socks [sáks] ソックス	靴下			
T-shirt [tíːʃəːrt] ティーシャ～ト	Tシャツ			
jacket [dʒǽkit] ヂぁキト	ジャケット			
jeans [dʒíːnz] ヂーンズ	ジーンズ			
sneakers [sníːkərz] スニーカズ	スニーカー			

✏️ もっと書いてみよう！

	意 味	1回目	2回目	3回目
	( )			
	( )			
	( )			
	( )			
	( )			
	( )			
	( )			
	( )			
	( )			
	( )			
	( )			
	( )			
	( )			
	( )			
	( )			
	( )			
	( )			
	( )			
	( )			
	( )			
	( )			
	( )			
	( )			
	( )			
	( )			
	( )			
	( )			
	( )			
	( )			
	( )			
	( )			
	( )			
	( )			
	( )			
	( )			

Level 3　350-525

学問・仕事・社会など，日常生活で使う一歩進んだ語を学びましょう。お店やレストランで使える単語・表現も見てみましょう。

ここで学ぶ単語の種類

- 生産的な活動
- 学問に関する語（1）
- 自然に関する語
- 社会に関する語（1）
- 人を表す語（2）
- 日常の動作
- 仕事に関する語（2）
- 食事に関する語
- 人を表す語（3）
- 数えるときに注意が必要な名詞
- 基本動詞⑤　take
- Dialogue⑤　店で

- 他者に働きかける語
- 地位・職業など（1）
- 言語活動（3）
- 問題・状況など
- 体の状態
- 人の様子
- 通信に関する語
- 明暗を表す形容詞
- 場所を表す語
- 基本動詞⑥　have
- Dialogue⑥　レストランで
- 身につけておきたい熟語③
- 家：house
- 不規則動詞の活用①
- 不規則動詞の活用②

生産的な活動

	単語・発音	意味	1回目	2回目	3回目
350	create [kriéit] クリエイト	創作する			
351	act [ǽkt] あクト	ふるまう			
352	add [ǽd] あッド	加える			
353	discover [diskʌ́vər] ディスカヴァ	発見する			

学問に関する語（1）

	単語・発音	意味	1回目	2回目	3回目
354	subject [sʌ́bdʒekt] サブヂェクト	科目			
355	art [ɑ́ːrt] アート	芸術			
356	law [lɔ́ː] ろー	法律			
357	science [sáiəns] サイアンス	科学			
358	culture [kʌ́ltʃər] カるチャ	文化			
359	figure [fígjər] ふィギャ	図形			
360	history [hístəri] ヒストリ	歴史			

自然に関する語

	単語・発音	意味	1回目	2回目	3回目
361	nature [néitʃər] ネイチャ	自然			
362	air [éər] エア	空気, 空（そら）			
363	wind [wínd] ウィンド	風			
364	tree [tríː] トリー	木			
365	plant [plǽnt] プらぁント	植物, 植える			
366	fire [fáiər] ふァイア	火			
367	space [spéis] スペイス	宇宙, 場所			
368	energy [énərdʒi] エナヂ	エネルギー			
369	sunshine [sʌ́nʃàin] サンシャイン	日ざし			
370	horizon [həráizn] ホライズン	地平線, 水平線			

Answers
- 350 create
- 351 act
- 352 add
- 353 discover
- 354 subject
- 355 art
- 356 law
- 357 science
- 358 culture
- 359 figure
- 360 history
- 361 nature
- 362 air　air
- 363 wind
- 364 tree

物語を**創作する**	c_____ a story
子どものように**ふるまう**	a_____ like a child
塩を少しスープに**加える**	a_____ a little salt *to* the soup
新しい星を**発見する**	d_____ a new star

好きな**科目**	one's favorite s_____
芸術作品	a work of a_____
法律を守る	follow the l_____
科学を勉強する	study s_____
日本**文化**	Japanese c_____
図3を参照。	See f_____ 3.
中国の**歴史**	the h_____ of China

自然の法則	the laws of n_____
新鮮な**空気**	fresh a_____
空高く	high in the a_____
風の音	the sound of the w_____
桃の**木**	a peach t_____
植物を育てる	grow p_____
花を**植える**	p_____ a flower
火を起こす	start a f_____
宇宙ステーション	s_____ station
駐車**場所**	a parking s_____
風力**エネルギー**	wind e_____
日ざしの中で	in the s_____
地平線[水平線]上に	on the h_____

365 plants plant　366 fire　367 space space　368 energy　369 sunshine
370 horizon

社会に関する語（1）

	単語・発音	意 味	1回目	2回目	3回目
371	government [gʌ́vərnmənt] ガヴァンメント	政府			
372	national [nǽʃənəl] ナぁショヌる	国の			
373	social [sóuʃəl] ソウシャる	社会の			
374	society [səsáiəti] ソサイアティ	社会			
375	state [stéit] ステイト	国家			
376	case [kéis] ケイス	事例			
377	neighbor [néibər] ネイバ	隣人			
378	citizen [sítəzən] スィティズン	国民			
379	war [wɔ́ːr] ウォー	戦争			
380	peace [píːs] ピース	平和			

人を表す語（2）

	単語・発音	意 味	1回目	2回目	3回目
381	sir [sə́ːr] サ〜	お客様			
382	madam [mǽdəm] マぁダム	奥様			
383	lady [léidi] れイディ	女性			
384	gentleman [dʒéntəlmən] ヂェントるマン	紳士			

日常の動作

	単語・発音	意 味	1回目	2回目	3回目
385	rest [rést] レスト	休む, 休憩, 残り			
386	drink [dríŋk] ドリンク	飲む			
387	sleep [slíːp] スりープ	眠る			
388	wear [wéər] ウェア	着ている			
389	teach [tíːtʃ] ティーチ	教える			
390	pour [pɔ́ːr] ポー	注ぐ			
391	cover [kʌ́vər] カヴァ	おおう			
392	fix [fíks] ふィックス	修理する			
393	hurry [hə́ːri] ハ〜リ	急ぐ, 急ぐこと			
394	breathe [bríːð] ブリーず	呼吸する			
395	feed [fíːd] ふィード	食べ物を与える			

Answers

371 government	372 national	373 social	374 society	375 state
376 case	377 neighbor	378 citizen	379 war	380 peace
381 sir	382 madam	383 lady	384 gentleman	385 rest rest rest

Level 3   371-395   59

日本**政府**	the Japanese g_____
国旗	the n_____ flag
社会科	s_____ studies
アメリカ**社会**	American s_____
加盟**国**	a member s_____
特別な**事例**	a special c_____
彼女は私の**隣人**だ。	She is my n_____.
アメリカ合衆**国民**	a U.S. c_____
戦争状態である	be at w_____
平和に暮らす	live in p_____

いらっしゃいませ，**お客様**。	Can I help you, s_____?
おはようございます，**奥様**。	Good morning, m_____.
白いぼうしをかぶった**女性**	a l_____ with a white hat
本物の**紳士**	a real g_____

しばらく**休む**	r_____ for a while
休憩をとる	take a r_____
ピザの**残り**	*the* r_____ of the pizza
何か**飲む**物	something to d_____
ぐっすり**眠る**	s_____ well
Tシャツを**着ている**	w_____ a T-shirt
英語を**教える**	t_____ English
コップに水を**注ぐ**	p_____ water *into* a glass
その山は雪で**おおわれていた**。	The mountain *was* c_____ *with* snow.
自転車を**修理する**	f_____ a bicycle
急いで！	H_____ up!
急いで	in a h_____
深**呼吸する**	b_____ deeply
猫に**えさを与える**	f_____ the cat

386 drink　387 sleep　388 wear　389 teach　390 pour
391 covered　392 fix　393 Hurry   hurry　394 breathe　395 feed

仕事に関する語 (2)

単語・発音	意味	1回目	2回目	3回目
396 office [ɑ́fəs] アふィス	会社			
397 member [mémbər] メンバ	一員			
398 team [tíːm] ティーム	チーム			
399 system [sístəm] スィステム	制度			
400 computer [kəmpjúːtər] コンピュータ	コンピュータ			
401 machine [məʃíːn] マシーン	機械			
402 produce [prədjúːs] プロデュース	生産する			
403 sign [sáin] サイン	署名する, 標識			

食事に関する語

単語・発音	意味	1回目	2回目	3回目
404 meal [míːl] ミーる	食事			
405 fresh [fréʃ] ふレッシュ	新鮮な			
406 sweet [swíːt] スウィート	甘い			
407 salty [sɔ́ːlti] ソーるティ	しょっぱい			
408 hot [hɑ́t] ハット	辛い			

人を表す語 (3)

単語・発音	意味	1回目	2回目	3回目
409 kid [kíd] キッド	子ども, 冗談を言う			
410 adult [ədʌ́lt] アダるト	大人			
411 youth [júːθ] ユーす	若いころ			
412 senior [síːnjər] スィーニャ	年上の			
413 junior [dʒúːnjər] ヂューニャ	年下の			

数えるときに注意が必要な名詞

単語・発音	意味	1回目	2回目	3回目
414 paper [péipər] ペイパ	紙			
415 bread [bréd] ブレド	パン			
416 cup [kʌ́p] カップ	カップ			
417 glass [glǽs] グらぁス	コップ			

Answers
396 office　397 member　398 team　399 system　400 computer
401 machine　402 produces　403 sign　sign　404 meals　405 fresh
406 sweet　407 salty　408 hot　409 kids　kidding　410 adult

会社に行く	go to the o___
クラブの一員である	be a m___ *of* the club
新しいサッカーチーム	a new soccer t___
政治制度	a s___ of government
コンピュータを使う	use a c___
ファックス機	a fax m___
イタリアはワインを多量に生産する。	Italy p___ a lot of wine.
手紙に署名する	s___ a letter
道路標識	a road s___

日に3度食事をとる	have three m___ a day
新鮮な野菜	f___ vegetables
甘い果物	s___ fruit
しょっぱい食べ物	s___ foods
このスープはとても辛い。	This soup is really h___.

私の子どもたちの写真	some photos of my k___
冗談を言っただけだよ。	I was just k___.
人を大人として扱う	treat someone as an a___
若いころに	in one's y___
彼は私より5歳年上である。	He *is* five years s___ *to* me.
年下の会員	a j___ member

紙1枚	*a piece[sheet] of* p___
パン1枚	a slice of b___
お茶2杯	two c___ of tea
水3杯	three g___ of water

---

411 youth　　**412** senior　　**413** junior　　**414** paper　　**415** bread
416 cups　　**417** glasses

基本動詞⑤ take

He _____ some cookies from the jar.	彼はびんからクッキーをいくつか**取った**。
Bill **took** *a walk* around the park this morning.	ビルは今朝公園の周りを**散歩**（　　　）。
Let's **take** *a break*.	**休憩**（　　　）ましょう。
I want to **take** *a shower*.	私は**シャワー**（　　　）。
We are going to **take** *a test*.	私たちは**試験**（　　　）。
She sometimes **takes** *a bus*.	彼女はときどき**バス**（　　　）。
419 She opened her bag and _____ a letter _____ .	彼女はかばんを開けて手紙**を取り出した**。
420 The police _____ his car _____ .	警察が彼の車**を運び去った**。
421 You should _____ _____ your shoes.	靴**を脱ぎ**なさい。
422 I _____ Yumi's cats while she was on vacation.	由美が休みの間，私は彼女の猫たち**の世話をした**。
423 He _____ the business from his father.	彼は父親から仕事**を引き継いだ**。
424 The party will _____ _____ in a hotel.	そのパーティーはホテルで**行われる**だろう。
425 May I _____ _____ _____ _____ the picture?	その写真[絵]**を見て**もいいですか。

Answers
418 took　した　をとり　を浴びたい　を受ける　に乗る　　419 took / out　　420 took / away
421 take off　　422 took care of　　423 took over　　424 take place　　425 take a look at

Dialogue ⑤ 店で

	真理：新しいコートが欲しいわ。	*Mari*: I want a new coat.
	ピーター：ぼくもだよ。このごろ寒くなってきたね。	*Peter*: Me, too. It's getting colder these days.
426	店員：こんにちは。**何かお探しですか？**	*Clerk*: Hi. May _____ _____ _____ ?
427	真理：ええ，赤いコート**を探しています。**	*Mari*: Yes, I'm _____ a red coat.
	店員：これは今とても人気のものです。	*Clerk*: This one is very popular now.
428	真理：すてきね。それを**試着してもいいですか？**	*Mari*: I like it. May _____ _____ it _____ _____ ?
	店員：どうぞ。	*Clerk*: Sure.
	ピーター：君は気に入った？	*Peter*: How do you like it?
429	真理：気に入っているけど，もっと長めのコートが欲しいの。**ほかのものを見せていただけますか？**	*Mari*: I like it, but I want a longer coat. Could you _____ me _____ _____ ?
430	店員：これ**はいかがですか？**これは今セールになっています。	*Clerk*: _____ _____ this? This one is on sale right now.
431	真理：あら，デザインが好きだわ。**どう思う**，ピーター？	*Mari*: Oh, I like the design. What _____ _____ , Peter?
	ピーター：ぼくは好きだよ。	*Peter*: I like it.
432	真理：わかったわ，**それを買います。**	*Mari*: OK, I'll _____ _____ .

Answers
- 426 I help you
- 427 looking for
- 428 I try / on
- 429 show / another one
- 430 How about
- 431 do you think
- 432 take it

他者に働きかける語

	単語・発音	意味	1回目	2回目	3回目
433	let [lét] れット	…に〜させる			
434	control [kəntróul] コントロウる	抑える			
435	wake [wéik] ウェイク	目を覚ます			
436	offer [ɔ́:fər] オーふァ	提供する, 申し出			
437	support [səpɔ́:rt] サポート	支持する			
438	save [séiv] セイヴ	救う, 蓄える			
439	surround [səráund] サラウンド	囲む			
440	order [ɔ́:rdər] オーダ	注文する, 命令			
441	excuse [ikskjú:z] イクスキューズ	許す, 言いわけ			

地位・職業など (1)

	単語・発音	意味	1回目	2回目	3回目
442	president [prézidənt] プレズィデント	大統領			
443	police [pəlí:s] ポりース	警察			
444	king [kíŋ] キング	国王			
445	queen [kwí:n] クウィーン	女王			
446	artist [á:rtist] アーティスト	芸術家			
447	lawyer [lɔ́:jər] ろーイア	弁護士			
448	scientist [sáiəntəst] サイエンティスト	科学者			

言語活動 (3)

	単語・発音	意味	1回目	2回目	3回目
449	alphabet [ǽlfəbèt] あるふァベット	アルファベット			
450	novel [nάvl] ナヴる	小説			
451	fiction [fíkʃən] ふィクション	小説			
452	essay [ései] エッセイ	レポート			
453	address [ədrés] アドレス	住所			

Answers

433 let　434 control　435 wake　436 offered　offer　437 support
438 save　save　439 surrounded　440 order　order　441 excuse　excuse　442 President
443 police　444 King　445 Queen　446 artist　447 lawyer

私に**行かせて**ください！	Please l_____ me *go*!
自分を**抑える**	c_____ oneself
朝5時に**目が覚める**	w_____ *up* at five in the morning
彼らは私にいい仕事を**提供してくれた**。	They o_____ me a good job.
申し出を受ける	accept an o_____
その考えを**支持する**	s_____ the idea
命を**救う**	s_____ a life
お金を**蓄える**	s_____ money
その湖は木々に**囲まれ**ている。	The lake *is* s_____ *by* trees.
ピザを**注文する**	o_____ a pizza
私はその試験に**合格するために**一生懸命勉強した。	I studied hard *in* o_____ *to pass* the exam.
遅刻したことを**お許しください**。	Please e_____ me *for* coming late.
上手な**言いわけ**	a good e_____

アメリカ合衆国**大統領**	the P_____ of the United States of America
警察を呼ぶ	call *the* p_____
スペイン**国王**	the K_____ of Spain
エリザベス**女王**2世	Q_____ Elizabeth II [the Second]
偉大な**芸術家**	a great a_____
弁護士の意見	l_____'s advice
有名なコンピュータ**科学者**	a famous computer s_____

英語の**アルファベット**の26文字	the 26 letters of the English a_____
人気のある**小説**	a popular n_____
小説作品	a work of f_____
日本文化について**レポート**を書く	write an e_____ on Japanese culture
住所変更	change of a_____

448 scientist **449** alphabet **450** novel **451** fiction **452** essay
453 address

問題・状況など

	単語・発音	意味	1回目	2回目	3回目
454	matter [mǽtər] マぁタ	問題			
455	situation [sìtʃuéiʃən] スィチュエイション	状況			
456	example [igzǽmpl] イグザぁムプる	例			
457	experience [ikspíəriəns] イクスピアリアンス	経験			
458	point [pɔ́int] ポイント	点			
459	trouble [trʌ́bl] トラブる	問題			
460	happen [hǽpn] ハぁプン	起こる			
461	solve [sálv] サるヴ	解決する			

体の状態

462	hungry [hʌ́ŋgri] ハングリ	空腹の			
463	thirsty [θə́ːrsti] さ〜スティ	のどがかわいた			
464	healthy [hélθi] へるスィ	健康な			
465	sleepy [slíːpi] スりーピィ	眠そうな			

人の様子

466	quiet [kwáiət] クワイエト	静かな			
467	loud [láud] らウド	大きい			
468	noisy [nɔ́izi] ノイズィ	騒がしい			
469	active [ǽktiv] あクティヴ	活発な			
470	tired [táiərd] タイアド	疲れた			
471	funny [fʌ́ni] ふァニィ	おもしろい			
472	gentle [dʒéntl] ヂェントる	やさしい			
473	calm [káːm] カーム	平静な			
474	silent [sáilənt] サイレント	沈黙した			
475	careful [kéərfl] ケアふる	注意深い			
476	blind [bláind] ブらインド	目の見えない			
477	serious [síəriəs] スィアリアス	深刻な			
478	friendly [fréndli] ふレンドり	人なつこい			

Answers

454 matter	455 situation	456 example	457 experience	458 point
459 trouble	460 happened happened	461 solve	462 hungry	463 thirsty
464 healthy	465 sleepy	466 quiet	467 loud	468 noisy

Level 3 454-478 67

その**問題**について話す	talk about the m_____
困難な**状況**	a difficult s_____
例を挙げる	give an e_____
経験する	have an e_____
非常に重要な**点**	a very important p_____
深刻な**問題**	serious t_____
彼女に何が**起こった**のですか。	What h_____ to her?
私は**たまたま**駅で彼と会った。	I h_____ *to meet* him at the station
問題を**解決する**	s_____ a problem

空腹を感じる	feel h_____
のどがかわく	get t_____
健康な赤ちゃん	a h_____ baby
眠そうな目	s_____ eyes

静かな小さな女の子	a q_____ little girl
大きな音	a l_____ sound
騒がしい教室	a n_____ classroom
活発な子ども	an a_____ child
疲れているようですね。	You look t_____.
私はテレビを見るのに**飽きている**。	I *am* t_____ *of watching* TV.
おもしろい顔をする	make a f_____ face
やさしい笑顔	a g_____ smile
平静を保つ	stay c_____
黙っている	keep s_____
健康には**気をつけ**なさい。	*Be* c_____ *about* your health.
失明する	go b_____
深刻な問題	a s_____ problem
人なつこい笑顔	a f_____ smile

469 active　470 tired　tired　471 funny　472 gentle　473 calm
474 silent　475 careful　476 blind　477 serious　478 friendly

通信に関する語

	単語・発音	意味	1回目	2回目	3回目
479	voice [vɔ́is] ヴォイス	声			
480	message [mésidʒ] メスィヂ	伝言			
481	mail [méil] メイる	郵便			
482	newspaper [njúːzpèipər] ニューズペイパ	新聞			
483	program [próugræm] プロウグラぁム	番組			
484	record [rékərd] レカド	記録			
485	magazine [mǽgəzìːn] マぁガズィーン	雑誌			
486	Internet [íntərnèt] インタネット	インターネット			
487	e-mail [íːmèil] イーメイる	Eメール, Eメールを送る			

明暗を表す形容詞

488	clear [klíər] クりア	晴れた			
489	dark [dáːrk] ダーク	暗い, 黒っぽい			
490	bright [bráit] ブライト	輝いた, 頭のよい			

場所を表す語

491	ground [gráund] グラウンド	地面			
492	field [fíːld] ふィーるド	田畑			
493	floor [flɔ́ːr] ふろー	床			
494	top [táp] タップ	頂上			
495	bottom [bátəm] バトム	下の部分			
496	building [bíldiŋ] ビるディング	建物			
497	position [pəzíʃən] ポズィション	地位			
498	corner [kɔ́ːrnər] コーナ	曲がり角			
499	place [pléis] プれイス	場所			
500	somewhere [sʌ́mwèər] サムウェア	どこかで [へ]			

Answers
- 479 voice
- 480 message
- 481 mail
- 482 newspaper
- 483 program
- 484 record
- 485 magazine
- 486 Internet
- 487 e-mail e-mail
- 488 clear
- 489 dark dark
- 490 bright bright
- 491 ground
- 492 field
- 493 floor

Level 3 479-500

大きな声で	in a loud v_____
伝言を残す	leave a m_____
手紙を航空便で送る	send a letter by air m_____
新聞を読む	read the n_____
テレビ番組	a TV p_____
記録を破る	break a r_____
月刊雑誌	a monthly m_____
インターネットで情報を手に入れる	get information on the I_____
Eメールを確認する	check one's e_____
あなたにEメールを送ります。	I'll e_____ you.

晴れた青空	a c_____ blue sky
暗い通り	a d_____ street
黒っぽい服	a d_____ dress
輝かしい未来	a b_____ future
頭のよい子ども	a b_____ child

地面に	on the g_____
とうもろこし畑	a corn f_____
床に座る	sit on the f_____
その山の頂上で	at the t_____ of the mountain
そのページの下の部分に	at the b_____ of the page
古い建物	an old b_____
会社でよい地位についている	have a good p_____ in the company
角を曲がったところに	around the c_____
安全な場所	a safe p_____
私は以前どこかであの少年を見たことがある。	I have seen that boy s_____ before.

494 top 495 bottom 496 building 497 position 498 corner
499 place 500 somewhere

基本動詞⑥ have

He _____ two children.	彼は子どもが2人**いる**。
What do you **have** in your hand?	手に**何**（　　　）のですか。
He **had** *an accident*.	彼は**事故**（　　　）。
I'm **having** *lunch* now.	私は今昼**食**（　　　）いる。
Please **have** *a seat*.	どうぞ**席**（　　　）ください。
She **had** her son *carry* her bag.	彼女は息子に彼女のかばんを**持た**（　　　）。
502 He _____ _____ last week.	彼は先週**かぜをひいた**。
503 I _____ _____ at the party.	私はパーティーで**楽しい時を過ごした**。
504 I _____ _____ what the sign means.	その記号が何を意味しているのか**わからない**。
505 I think Mary _____ _____ _____ _____ the accident.	私はメアリーがその事故と**何らかの関係があった**と思う。
506 I _____ _____ *go* to work now.	私はこれから仕事に行か**なければならない**。

Answers
501 has　を持っている　にあった　をとって　にお座り　せた　　502 had a cold　　503 had a good time
504 have no idea　　505 had something to do with　　506 have to

Dialogue ⑥ レストランで

507	ウェイター：**ご注文はお決まりですか？**	Waiter: Are you _____ _____ _____?
	ピーター：はい，決まりました。真理，先にどうぞ。	Peter: Yes, we're ready. Go ahead, Mari.
508	真理：ええ，サーモンクリームパスタを**ください**。	Mari: OK, I'll _____ the salmon cream pasta.
	ピーター：そしてぼくはハンバーガーとフライドポテトを。	Peter: And I'll have a hamburger and fries.
509	ウェイター：何かお飲み物は**いかがですか？**	Waiter: Would _____ anything to drink?
	ピーター：オレンジジュースをひとつください。真理は？	Peter: One orange juice, please. How about you, Mari?
	真理：私にはお水だけで。	Mari: Just water for me, please.
510	ウェイター：かしこまりました。ご注文の品と一緒に**すぐ戻ってまいります**。	Waiter: OK, I'll be _____ in _____ _____ with your order.
511	ピーター：真理，パスタは**どうですか？**	Peter: _____ _____ your pasta, Mari?
512	真理：**とてもおいしい**わ。	Mari: It's _____ _____.
513A	ピーター：真理，塩**を取ってくれますか？**	Peter: Mari, Could _____ _____ the salt, please?
514A	真理：いいわよ，**はい，どうぞ**。	Mari: Sure, _____ _____ are.
	ピーター：ありがとう。このフライドポテトには少し塩がいるよ。	Peter: Thanks. These fries need a little salt.
513B	真理：コショウを**取ってくれますか？**	Mari: Could _____ _____ the pepper?
514B	ピーター：はい，どうぞ。	Peter: _____ _____ go.

Answers
507 ready to order　508 have　509 you like　510 back / a few minutes
511 How is　512 very good　513A you pass me　514A here you　513B you pass me
514B Here you

身につけておきたい熟語 ③

515	彼女は**ちょっとの間**待って，またノックした。	She waited m_____ _____, then knocked again.
516	あなたは**しばらくの間**ここにいるほうがいい。	You had better stay here _____ w_____.
517	私は**長い間**ひとりでいることに耐えられない。	I can't stand being alone f_____ _____ _____ _____.
518	その問題は難し**すぎて**，私には解くことが**できない**。	The question is t_____ difficult for me _____ *solve*.
519	私は図書館で**たまたま**ピーターに**会った**。	I h_____ _____ see Peter at the library.
520	またお会いするのを楽しみにしています。	I'm l_____ _____ _____ *seeing* you again.
521	私は今日は家にいたい**気分だ**。	I f_____ _____ *staying* home today.
522	私はこの小さな町で**育った**。	I g_____ _____ in this small town.
523	幽霊の**存在を信じ**ますか。	Do you b_____ _____ ghosts?
524	私たちはロンドンにいたとき，おば**を訪ねた**。	We c_____ _____ my aunt when we were in London.
525	先生は生徒たちに**立ち上がる**ように言った。	The teacher told the students to s_____ _____.

Answers
- 515 for a moment
- 516 for a while
- 517 for a long time
- 518 too / to
- 519 happened to
- 520 looking forward to
- 521 feel like
- 522 grew up
- 523 believe in
- 524 called on
- 525 stand up

家：house

単語・発音	意味	1回目	2回目	3回目
roof [rúːf] ルーふ	屋根			
window [wíndou] ウィンドウ	窓			
yard [jáːrd] ヤード	庭			
entrance [éntrəns] エントランス	玄関			
garage [gərάːdʒ] ガラージ	車庫			
bedroom [bédrùːm] ベッドルーム	寝室			
desk [désk] デスク	机			
chair [tʃéər] チェア	いす			
bed [béd] ベッド	ベッド			
blanket [blǽŋkət] ブらぁンキット	毛布			
pillow [pílou] ピろウ	枕			
sofa [sóufə] ソウふァ	ソファ			
table [téibl] テイブる	テーブル			
TV [tíːvíː] ティーヴィー	テレビ			
curtain [káːrtən] カ〜トン	カーテン			
clock [klάk] クらック	時計			
door [dɔ́ːr] ドー	ドア			
living room [líviŋ rùːm] りヴィングルーム	居間			
kitchen [kítʃən] キチン	台所			
bathroom [bǽθrùːm] バぁすルーム	浴室			

不規則動詞の活用①

AAA型：原形・過去形・過去分詞形が同じ形

原形	過去形	過去分詞形	-ing 形
cost			
cut			
hit			
hurt			
let			
put			
set			
shut			

ABA型：原形・過去分詞形が同じ形

原形	過去形	過去分詞形	-ing 形
become			
come			
run			

AAB型：原形・過去形が同じ形

原形	過去形	過去分詞形	-ing 形
beat			

ABB型①：過去形・過去分詞形が同じ形

原形	過去形	過去分詞形	-ing 形
bring			
build			
buy			
catch			
feel			
find			
hear			
hold			
keep			
lay			
leave			
lose			
make			
mean			
meet			

解答 ⇨ 143ページ

不規則動詞の活用②

ABB型②：過去形・過去分詞形が同じ形

原形	過去形	過去分詞形	-ing形
pay			
read			
say			
sit			
teach			
tell			
think			
understand			

ABC型：原形・過去形・過去分詞形がすべて異なる

原形	過去形	過去分詞形	-ing形
begin			
break			
drink			
drive			
eat			
fall			
fly			
get			
give			
go			
grow			
know			
lie			
ride			
rise			
see			
sing			
speak			
take			
wear			
write			

解答⇒144ページ

もっと書いてみよう！

	意味	1回目	2回目	3回目
	( )			
	( )			
	( )			
	( )			
	( )			
	( )			
	( )			
	( )			
	( )			
	( )			
	( )			
	( )			
	( )			
	( )			
	( )			
	( )			
	( )			
	( )			
	( )			
	( )			
	( )			
	( )			
	( )			
	( )			
	( )			
	( )			
	( )			
	( )			
	( )			
	( )			
	( )			
	( )			
	( )			
	( )			
	( )			

Level 4 526-708

前半が終わり，ここからは後半の始まりです。fast「(速度が)速い」とquick「(動作が)速い」など，簡単だけど微妙な違いがある語にも注意が必要です。

ここで学ぶ単語の種類

- 病院など
- 時を表す副詞
- あがる・落ちるなど
- 公私を表す形容詞
- 判断に関する形容詞
- 特定の地域などを表す語
- 才能・知識など
- 様子をきく・様子を表す語
- 目標・夢など
- 練習する・上達するなど
- 冒険など
- 学習に関する語(2)
- 機会・運など
- 基本動詞⑦　keep
- Dialogue⑦　病院で
- 言語活動(4)
- 社会に関する語(2)
- 人の性質を表す語(1)
- 対にして覚える名詞
- 対にして覚える形容詞
- 組み合わせで覚える形容詞
- 国際関係に関する語
- 地位・職業など(2)
- 戦う・打つなど
- 病気・けがなどに関する語
- 基本動詞⑧　make
- Dialogue⑧　友人と出かける
- 身につけておきたい熟語④
- 街：town

病院など

	単語・発音	意味	1回目	2回目	3回目
526	sick [sík] スィック	病気の [で]			
527	hospital [háspitəl] ハスピトる	病院			
528	doctor [dáktər] ダクタ	医者			
529	nurse [nə́ːrs] ナ〜ス	看護師			
530	health [hélθ] へるす	健康			
531	weight [wéit] ウェイト	体重			
532	condition [kəndíʃən] コンディション	状態			
533	pain [péin] ペイン	痛み			

時を表す副詞

	単語・発音	意味	1回目	2回目	3回目
534	yet [jét] イェット	まだ（～ない）, もう			
535	finally [fáinəli] ふァイナり	ようやく			
536	suddenly [sʌ́dnli] サドンり	突然			
537	recently [ríːsntli] リースントり	最近			

あがる・落ちるなど

	単語・発音	意味	1回目	2回目	3回目
538	rise [ráiz] ライズ	のぼる			
539	raise [réiz] レイズ	あげる			
540	lie [lái] らイ	横になる			
541	lay [léi] れイ	横たえる			
542	drop [dráp] ドラップ	落とす			
543	pick [pík] ピック	つみとる			

公私を表す形容詞

	単語・発音	意味	1回目	2回目	3回目
544	public [pʌ́blik] パブりック	公共の			
545	official [əfíʃəl] オふィシュる	公式な			
546	private [práivət] プライヴェット	私有の			
547	personal [pə́ːrsənəl] パ〜ソナる	個人的な			
548	secret [síːkrət] スィークレット	機密の, 秘密			
549	individual [indəvídʒuəl] インディヴィヂュアる	個人の			

Answers

526 sick　527 hospital　528 doctor　529 nurse　530 health
531 weight　532 condition　533 pain　534 yet　yet　535 finally
536 Suddenly　537 recently　538 rises　539 raise　540 lay

Level 4 526-549

病気で寝ている	be s_____ in bed
入院している	be in the h_____
医者に診てもらう	see a d_____
病院の看護師	a hospital n_____
健康である	be in good h_____
体重が減る[増える]	lose[gain] w_____
よい状態で	in good c_____
痛みで叫ぶ	cry in p_____

私はまだお昼を食べていない。	I have *not* eaten my lunch y_____.
夕食はもう準備できていますか。	Is dinner ready y_____?
私はようやく宿題を終えた。	I f_____ finished my homework.
突然雨が降り出した。	S_____ it began to rain.
私は最近親友に会っていない。	I *have* not *seen* my best friend r_____.

太陽は東からのぼる。	The sun r_____ *in* the east.
手をあげる	r_____ one's hand
彼女はベッドに横になった。	She l_____ down on the bed.
彼は赤ちゃんをベッドに横たえた。	He l_____ the baby on the bed.
床に本を落とす	d_____ a book on the floor
花をつみとる	p_____ a flower

公共の図書館	a p_____ library
公式記録	an o_____ record
私室	a p_____ room
個人的な意見	p_____ opinion
機密情報	s_____ information
秘密を守る	keep a s_____
個人差	an i_____ difference

---

541 laid   **542** drop   **543** pick   **544** public   **545** official
546 private   **547** personal   **548** secret secret   **549** individual

判断に関する形容詞

単語・発音	意味	1回目	2回目	3回目
550 special [spéʃəl] スペシャる	特別な			
551 interesting [íntərəstiŋ] インタレスティング	興味深い			
552 necessary [nésəsèri] ネセセリ	必要な			
553 fine [fáin] ふァイン	元気な			
554 main [méin] メイン	主な			

特定の地域などを表す語

単語・発音	意味	1回目	2回目	3回目
555 local [lóukəl] ろウカる	地元の			
556 native [néitiv] ネイティヴ	生まれた土地[国]の			
557 island [áilənd] アイランド	島			
558 capital [kǽpətəl] キぁピタる	首都			
559 continent [kántənənt] カンティネント	大陸			
560 hometown [hóumtáun] ホウムタウン	故郷			

才能・知識など

単語・発音	意味	1回目	2回目	3回目
561 talent [tǽlənt] タぁれント	才能			
562 knowledge [nálidʒ] ナりヂ	知識			
563 wisdom [wízdəm] ウィズダム	知恵			

様子をきく・様子を表す語

単語・発音	意味	1回目	2回目	3回目
564 type [táip] タイプ	種類			
565 character [kǽrəktər] キぁラクタ	性格			
566 pretty [príti] プリティ	かわいい, かなり			
567 dear [díər] ディア	大切な			
568 popular [pápjələr] パピュら	人気がある			
569 single [síŋgl] スィングる	たったひとつ[ひとり]の			
570 strange [stréindʒ] ストレインヂ	奇妙な			

目標・夢など

単語・発音	意味	1回目	2回目	3回目
571 purpose [pə́ːrpəs] パ〜パス	目的			
572 dream [dríːm] ドリーム	夢			
573 ability [əbíləti] アビりティ	能力			
574 goal [góul] ゴウる	目標			
575 aim [éim] エイム	目的			

Answers

550 special　551 interesting　552 necessary　553 fine　554 main
555 local　556 native　557 island　558 capital　559 continent
560 hometown　561 talent　562 knowledge　563 wisdom　564 type

Level 4   550-575   81

特別番組	a s_____ program
興味深い話	an i_____ story
必要ならば	if n_____
気分がいい	feel f_____
主な理由	the m_____ reason

地元紙	a l_____ paper
母語	one's n_____ language
島国	an i_____ nation
東京は日本の首都である。	Tokyo is the c_____ of Japan.
アフリカ大陸	the c_____ of Africa
故郷に戻る	go back to one's h_____

音楽の才能がある	have a t_____ for music
日本の芸術にかなりの知識がある	have a good k_____ of Japanese art
知恵のある言葉	words of w_____

どんな種類の音楽が好きですか。	What t_____ of music do you like?
陽気な性格をしている	have a cheerful c_____
かわいいドレス	a p_____ dress
かなりよい	p_____ good
大切な友	a d_____ friend
人気のある歌手	a p_____ singer
たったひと切れのケーキ	a s_____ piece of cake
奇妙な音	a s_____ noise

会議の主要な目的	the main p_____ of the meeting
歌手になる夢	d_____ of becoming a singer
英語を話す能力がある	have the a_____ to speak English
目標を設定する	set a g_____
平和をもたらす目的で	with the a_____ of bringing peace

565 character   566 pretty pretty   567 dear   568 popular   569 single
570 strange   571 purpose   572 dream   573 ability   574 goal
575 aim

練習する・上達するなど

	単語・発音	意味	1回目	2回目	3回目
576	practice [præktis] プラぁクティス	練習する			
577	improve [imprúːv] イムプルーヴ	上達させる			
578	develop [divéləp] ディヴェろップ	発達[発展]させる			
579	effort [éfərt] エふァト	努力			
580	succeed [səksíːd] サクスィード	成功する			
581	prepare [pripéər] プリペア	準備をする			
582	complete [kəmplíːt] コムプりート	完成させる			
583	fail [féil] ふェイる	失敗する			

冒険など

584	adventure [ədvéntʃər] アドヴェンチャ	冒険			
585	mysterious [mistíəriəs] ミスティアリアス	不思議な			
586	trick [trík] トりック	いたずら			

学習に関する語（2）

587	note [nóut] ノウト	メモ			
588	memory [méməri] メモリ	記憶(力)			
589	university [jùːnəváːrsəti] ユーニヴァ～スィティ	(総合)大学			
590	college [kálidʒ] カりッヂ	(単科)大学			
591	base [béis] ベイス	土台			
592	stage [stéidʒ] ステイヂ	段階			
593	grade [gréid] グレイド	成績			
594	absent [æbsənt] あブセント	欠席で			
595	graduate [grǽdʒuèit] グラぁヂュエイト	卒業する			

機会・運など

596	chance [tʃæns] チぁンス	機会			
597	courage [káːridʒ] カーリヂ	勇気			
598	fortune [fɔ́ːrtʃən] ふォーチュン	運			

Answers
- 576 practice
- 577 improve
- 578 develop
- 579 effort
- 580 succeed
- 581 prepare
- 582 complete
- 583 fail
- 584 adventure
- 585 mysterious
- 586 trick
- 587 notes
- 588 memory
- 589 universities
- 590 college

ピアノを毎日練習する	p_____ the piano every day
英語を上達させるために，私はもっと勉強しなくてはならない。	I need to study more to i_____ my English.
言語の技能を発達させる	d_____ one's language skills
努力する	make an e_____
俳優として成功する	s_____ as an actor
試験の準備をする	p_____ *for* a test
作品を完成させる	c_____ the work
商売に失敗する	f_____ *in* business

冒険を求める	look for a _____
不思議な笑顔	a m_____ smile
友人にいたずらをする	play a t_____ on a friend

メモをとる	take n_____
記憶力がよい	have a good m_____
その国の一流大学のひとつ	one of the country's top u_____
大学教育	c_____ education
建物の土台	the b_____ of the building
初期の段階で	at an early s_____
数学でよい成績をとる	get a good g_____ in math
学校を欠席している	*be* a_____ *from* school
高校を卒業する	g_____ *from* high school

彼女と話す機会を得る	get a c_____ to talk with her
戦う勇気がある	have the c_____ to fight
幸運にも成功する	have the good f_____ to succeed

---

591 base **592** stage **593** grade **594** absent **595** graduate
596 chance **597** courage **598** fortune

基本動詞⑦ keep

Try to _____ your bedroom clean.	自分の寝室をきれい**にしておく**ようにしなさい。
We decided to **keep** *our old car*.	私たちは**古い車**（　　　　）ことにした。
They **kept** *quiet* during the speech.	スピーチの間，彼らは**静かに**（　　　　）。
599 She **kept** *us waiting* for an hour.	彼女は私たちを1時間**待たせた**（　　　　）。
He **keeps** *a diary*.	彼は**日記**（　　　　）。
You should **keep** *the secret*.	その**秘密**（　　　　）ほうがいいよ。
The police were sent in to **keep** *order*.	**秩序**（　　　　）ために警官隊が投入された。
600 She _____ _____ *writing* stories.	彼女は物語を**書き続けた**。
601 _____ _____ that park at night.	夜はあの公園**に近づかない**ように。
602 He _____ his son _____ *playing* video games.	彼は息子にテレビゲーム**をさせない**。
603 It is important to _____ _____ world news.	世界のニュース**に遅れずについていく**ことは大切だ。
604 I'll _____ _____ _____ you.	君**と連絡を保つ**よ。
605 You should _____ your parents' words _____ _____.	ご両親の言葉**を心に留めておいた**ほうがいい。
606 Could you please _____ _____ my bag?	私のかばん**から目を離さないでいて**いただけませんか。

Answers
599 keep 　を持ち続ける　していた　ままにした　をつけている　を守った　を維持する　　600 kept on
601 Keep away from　602 keeps / from　603 keep up with　604 keep in touch with
605 keep / in mind　606 keep an eye on

Dialogue ⑦ 病院で

607 ピーター：**頭が痛い**。	Peter: My _____ _____.
608 / 609 母：**顔色が悪いわ**。たぶん**お医者さんに行ったほう**がいいわよ。	Mom: You _____ _____. Maybe you should go _____ _____.
ピーター：きっと大丈夫だよ。ただ横になればいいと思う。	Peter: I'll be all right. I just need to lie down.
母：うーん，代わりにお医者さんに電話をしてあげる。	Mom: Um... I'll call the doctor for you.
ピーター：ありがとう，お母さん。	Peter: Thanks, Mom.
610 医者：**どうされましたか？**	Doctor: What seems _____ _____ _____ ?
ピーター：頭痛がするのです。	Peter: I have a headache.
医者：それはいつごろから始まりましたか？	Doctor: When did it start?
ピーター：今朝，起きたときです。	Peter: This morning, when I woke up.
611 医者：**熱はありますか？**	Doctor: Do you _____ _____ ?
ピーター：よくわかりません。	Peter: I'm not sure.
612 医者：**熱をはかりましょう**。	Doctor: Let _____ _____ your temperature.

Answers

607 head hurts　　**608** look pale　　**609** see a doctor　　**610** to be the problem　　**611** have a fever
612 me check

言語活動（4）

単語・発音	意味	1回目	2回目	3回目
613 express [iksprés] イクスプレス	表現する			
614 suggest [sʌdʒést] サチェスト	提案する			
615 demand [dimǽnd] ディマぁンド	要求する			
616 promise [prɑ́məs] プラミス	約束する			
617 refuse [rifjúːz] リふューズ	拒む			
618 count [káunt] カウント	数える			
619 complain [kəmpléin] コムプれイン	苦情を言う			
620 spell [spél] スペる	つづる			

社会に関する語（2）

単語・発音	意味	1回目	2回目	3回目
621 modern [mɑ́dərn] マダン	現代の			
622 ancient [éinʃənt] エインシャント	古代の			
623 service [sə́ːrvəs] サ〜ヴィス	サービス			
624 professional [prəféʃənəl] プロふェッショヌる	専門家の			
625 role [róul] ロウる	役割			
626 traffic [trǽfik] トラぁふィク	交通			

人の性質を表す語（1）

単語・発音	意味	1回目	2回目	3回目
627 smart [smɑ́ːrt] スマート	頭のよい			
628 wise [wáiz] ワイズ	賢い			
629 clever [klévər] クれヴァ	りこうな			
630 shy [ʃái] シャイ	内気な			
631 honest [ɑ́nəst] アネスト	誠実な			
632 brave [bréiv] ブレイヴ	勇敢な			

対にして覚える名詞

単語・発音	意味	1回目	2回目	3回目
633 comedy [kɑ́mədi] カメディ	喜劇			
634 tragedy [trǽdʒədi] トラぁヂディ	悲劇			
635 success [səksés] サクセス	成功			
636 failure [féiljər] ふェイりャ	失敗			

Answers
- 613 express
- 614 suggest
- 615 demand
- 616 promised
- 617 refuse
- 618 count
- 619 complain
- 620 spell
- 621 modern
- 622 ancient
- 623 service
- 624 professional
- 625 role
- 626 traffic
- 627 smart

気持ちを**表現する**	e_____ one's feelings
異なる計画を**提案する**	s_____ a different plan
説明を**要求する**	d_____ an explanation
私たちは彼らを手伝うと**約束した**。	We p_____ that we would help them.
質問に答えることを**拒む**	r_____ *to answer* the questions
人の数を**数える**	c_____ the number of people
騒音のことで**苦情を言う**	c_____ about the noise
あなたの名前はどう**つづり**ますか。	How do you s_____ your name?

現代世界	the m_____ world
古代史	a_____ history
清掃**サービス**	a cleaning s_____
専門家のアドバイス	p_____ advice
重要な**役割**を果たす	play an important r_____
交通の混雑	heavy t_____

頭のよい少女	a s_____ girl
賢い王	a w_____ king
りこうな生徒	a c_____ student
内気な少年	a s_____ boy
誠実な人	an h_____ person
勇敢な行為	a b_____ act

喜劇映画	a c_____ film
ギリシア**悲劇**	Greek t_____
大**成功**となる	*be* a big s_____
失敗に終わる	end in f_____

---

628 wise **629** clever **630** shy **631** honest **632** brave
633 comedy **634** tragedy **635** success **636** failure

対にして覚える形容詞

	単語・発音	意味	1回目	2回目	3回目
637	clean [klíːn] クりーン	きれいな			
638	dirty [də́ːrti] ダ〜ティ	汚れた			
639	wide [wáid] ワイド	広い			
640	narrow [nǽrou] ナぁロウ	狭い			
641	true [trúː] トルー	真実の			
642	false [fɔ́ːls] ふォーるス	いつわりの			
643	safe [séif] セイふ	安全な			
644	dangerous [déindʒərəs] デインヂャラス	危険な			
645	huge [hjúːdʒ] ヒューヂ	巨大な			
646	tiny [táini] タイニ	とても小さい			
647	loose [lúːs] るース	ゆるい			
648	tight [táit] タイト	きつい			

組み合わせで覚える形容詞

	単語・発音	意味	1回目	2回目	3回目
649	fast [fǽst] ふぁスト	（速度が）速い			
650	quick [kwík] クウィック	（動作が）速い			
651	slow [slóu] スろウ	遅い			
652	thick [θík] すィック	厚い			
653	fat [fǽt] ふぁット	太った			
654	thin [θín] すィン	薄い, 細い			

国際関係に関する語

	単語・発音	意味	1回目	2回目	3回目
655	nation [néiʃən] ネイション	国家			
656	international [ìntərnǽʃənəl] インタナぁショヌル	国際的な			
657	relationship [riléiʃənʃip] リれイションシップ	関係			
658	influence [ínfluəns] インふるエンス	影響			
659	leader [líːdər] リーダ	指導者			
660	abroad [əbrɔ́ːd] アブロード	外国へ[に]			

Answers

637 clean　638 dirty　639 wide　640 narrow　641 true
642 false　643 safe　644 dangerous　645 huge　646 tiny
647 loose　648 tight　649 fast　650 quick　651 slow

きれいなタオル	a c_____ towel	
汚れた服	d_____ clothes	
広い川	a w_____ river	
狭い道路	a n_____ road	
実話	a t_____ story	
いつわりの情報	f_____ information	
泳ぐのに安全な場所	a s_____ place to swim	
危険な状態	a d_____ situation	
巨大な木	a h_____ tree	
とても小さい赤ちゃん	a t_____ baby	
このズボンはちょっとウエストのところがゆるい。	These pants are a little l_____ around the waist.	
このジーンズはきつすぎる。	These jeans are too t_____.	

速い車	a f_____ car	
覚えの速い人	a q_____ learner	
遅い走者	a s_____ runner	
厚い壁	a t_____ wall	
太る	get f_____	
薄い本	a t_____ book	
細い線	a t_____ line	

新しい国家	a new n_____	
国際会議	an i_____ meeting	
二国間の関係	the r_____ between the two countries	
人びとに影響を与える	*have* an i_____ *on* people	
政治の指導者	a political l_____	
仕事で外国へ行く	go a_____ on business	

652 thick	653 fat	654 thin　thin	655 nation	656 international
657 relationship	658 influence	659 leader	660 abroad	

地位・職業など (2)

	単語・発音	意味	1回目	2回目	3回目
661	guest [gést] **ゲ**スト	客			
662	manager [mǽnidʒər] **マぁ**ニヂャ	経営者			
663	captain [kǽptən] **キぁ**プテン	船長			
664	pilot [páilət] **パ**イロト	操縦士			
665	poet [póuət] **ポ**ウエット	詩人			
666	relative [rélətiv] **レ**らティヴ	親戚			
667	politician [pùlətíʃən] パり**ティ**シャン	政治家			
668	coach [kóutʃ] **コ**ウチ	コーチ			

戦う・打つなど

	単語・発音	意味	1回目	2回目	3回目
669	kick [kík] **キ**ック	ける			
670	fight [fáit] **ふァ**イト	戦う			
671	hit [hít] **ヒ**ット	打つ			
672	beat [bíːt] **ビ**ート	打ち負かす			
673	knock [nák] **ナ**ック	ノックする			
674	shoot [ʃúːt] **シュ**ート	撃つ			

病気・けがなどに関する語

	単語・発音	意味	1回目	2回目	3回目
675	disease [dizíːz] ディ**ズィ**ーズ	病気			
676	patient [péiʃənt] **ペ**イシェント	患者			
677	medicine [médəsn] **メ**ディスン	薬			
678	cancer [kǽnsər] **キぁ**ンサ	がん			
679	accident [ǽksədənt] **あ**クスィデント	事故			
680	injure [índʒər] **イ**ンヂャ	けがをさせる			
681	suffer [sʌ́fər] **サ**ふァ	苦しむ			
682	treat [tríːt] **ト**リート	治療する, 扱う			
683	recover [rikʌ́vər] リ**カ**ヴァ	回復する			

Answers
- 661 guest
- 662 manager
- 663 captain
- 664 pilot
- 665 poet
- 666 relative
- 667 politician
- 668 coach
- 669 kick
- 670 fight
- 671 hit
- 672 beat
- 673 knock
- 674 shot
- 675 disease

Level 4 661-683

パーティーの招待**客**	a g_____ at a party
優れた**経営者**	a good m_____
この船の**船長**	the c_____ of this ship
経験豊かな**操縦士**	an experienced p_____
アメリカの**詩人**	an American p_____
近い**親戚**	a close r_____
地元の**政治家**	a local p_____
野球の**コーチ**	a baseball c_____

ボールを**ける**	k_____ a ball
自由のために**戦う**	f_____ *for* freedom
バットでボールを**打つ**	h_____ a ball with a bat
彼女はテニスで彼を**打ち負かした**。	She b_____ him at tennis.
ドアを**ノックする**	k_____ *on* the door
その狩人は鳥を**撃った**。	The hunter s_____ the bird.

重**病**	a serious d_____
入院**患者**	a p_____ in the hospital
薬を飲む	take m_____
がんの研究	c_____ research
交通**事故**	traffic a_____
火事で**けがをする**	be i_____ *in* a fire
ひどいかぜで**苦しむ**	s_____ *from* a bad cold
患者を**治療する**	t_____ patients
人を家族のように**扱う**	t_____ someone like one of the family
病気から**回復する**	r_____ *from* the disease

676 patient **677** medicine **678** cancer **679** accident **680** injured
681 suffer **682** treat treat **683** recover

基本動詞⑧ make

I _____ a big snowman.	私は大きな雪だるまを作った。
She **made** a cake *for* her son.	彼女は息子のためにケーキを（　　　）。
I **made** her a sandwich.	私は彼女にサンドイッチを（　　　）。
684 The walls *are* **made** *of* brick.	その壁はれんがで（　　　）。
The movie **made** him *a star*.	その映画は彼を**スター**（　　　）。
She **made** me *laugh*.	彼女は私を**笑わ**（　　　）。
My mom **made** me *go* to the dentist.	母は私を歯医者に**行か**（　　　）。
685 I _____ careless _____.	私は不注意な**間違いをした**。
686 Don't _____.	**音を立て**ないで。
687 _____ the price before you buy something.	何かを買う前に値段**を確かめ**なさい。
688 It's easy for me to _____ new classmates.	新しいクラスメイトたち**と親しくなる**のは私には簡単なことだ。
689 Finally, he _____ and bought the car.	ついに彼は**決心して**，その車を買った。
690 Don't _____ your younger brother.	弟さんを**からかって**はいけないよ。

Answers

684 made　作った　作った　できている　にした　せた　せた　　685 made a / mistake　　686 make a noise　　687 Make sure of　　688 make friends with　　689 made up his mind　　690 make fun of

Dialogue⑧ 友人と出かける

	ピーター：やあ，真理。今週末は何か予定があるの？	Peter:	Hi, Mari. Are you going to do anything this weekend?
	真理：ええ，日曜日に映画『キャットマン』の新作を見に行きたいの。	Mari:	Well, I want to see the new *Catman* movie on Sunday.
	ピーター：いいね，おもしろいらしいよ。どこへ見に行くの？	Peter:	Oh, yeah, I heard it's good. Where are you going to see it?
691	真理：ヴィスタ・プラザに。**いっしょに行きませんか？**	Mari:	At the Vista Plaza. Would you _____ _____ _____ _____ us?
692	ピーター：もちろん，**喜んで**。	Peter:	Sure, I'd _____ _____.
693	真理：わかったわ。予定を立てるために**あとで電話するね**。	Mari:	OK, I'll _____ _____ _____ to make plans.
	ピーター：もしもし？	Peter:	Hello?
	真理：こんばんは，ピーター。真理です。	Mari:	Hi Peter. It's Mari.
	ピーター：やあ，真理。映画が何時に始まるか調べたかい？	Peter:	Oh, hi Mari, did you check when the movie starts?
694	真理：うん。映画は4時15分に始まるの。3時半にスタンリー駅**の前で会いましょう**。	Mari:	Yeah. The movie starts at 4:15. Let's meet _____ _____ _____ Stanley Station at 3:30.
695 696	ピーター：**わかったよ。ところで，**チケットはあるの？	Peter:	I _____ _____. By _____ _____, do you have tickets?
	真理：ええ，インターネットで注文したわ。	Mari:	Yes, I ordered them on the Internet.
697A	ピーター：わあ，ありがとう。**じゃあね，**明日，駅で。	Peter:	Great, thanks. _____ _____ at the station tomorrow.
697B	真理：**またね。**バイバイ。	Mari:	_____ _____. Bye.

Answers

691 like to come with　　692 love to　　693 call you later　　694 in front of　　695 got it
696 the way　　697A See you　　697B See you

身につけておきたい熟語④

698	私の父は今**仕事で**ヨーロッパにいる。	My father is now in Europe b_____ .
699	あなたは本当にそれを**わざと**やったのか。	Did you really do it p_____ ?
700	私は学校**へ行く途中で**彼を見かけた。	I saw him _____ my w_____ school.
701	**いったい全体**あなたはここで何をしているのか。	What _____ e_____ are you doing here?
702	私の服の何着かは**時代遅れだ**。	Some of my clothes are _____ d_____ .
703	このエレベーターは**故障して**いる。	This elevator is _____ o_____ .
704	君の計画は**実行し**やすい。	Your plan is easy to c_____ .
705	あとで君に**追いつく**よ。	I'll c_____ you later.
706	あなたのご両親**によろしく伝えて**ください。	Please _____ h_____ your parents.
707	私はその歌手の本名**を知り**たい。	I want to f_____ _____ the real name of the singer.
708	U.K.が何**の略だ**か知っている？	Do you know what U.K. s_____ ?

Answers

- 698 on business
- 699 on purpose
- 700 on / way to
- 701 on earth
- 702 out of date
- 703 out of order
- 704 carry out
- 705 catch up with
- 706 say hello to
- 707 find out
- 708 stands for

街：town

単語・発音	意味	1回目	2回目	3回目
apartment [əpáːrtmənt] アパートメント	アパート			
library [láibrèri] らイブレリ	図書館			
hotel [houtél] ホウテる	ホテル			
church [tʃə́ːrtʃ] チャ〜チ	教会			
shop [ʃáp] シャップ	店			
theater [θíətər] すィアタ	劇場			
bus [bʌ́s] バス	バス			
building [bíldiŋ] ビるディング	ビル			
street [stríːt] ストリート	大通り			
sidewalk [sáidwɔ̀ːk] サイドウォーク	歩道			
post office [póust àfəs] ポウスト アふィス	郵便局			
bank [bǽŋk] バぁンク	銀行			
department store [dipáːrtmənt stɔ̀ːr] ディパートメント ストー	デパート			
restaurant [réstərònt] レストラント	レストラン			
train [tréin] トレイン	列車			
station [stéiʃən] ステイション	駅			
museum [mjuːzíəm] ミューズィアム	博物館			
stadium [stéidiəm] ステイディアム	スタジアム			
factory [fǽktəri] ふぁクトゥリ	工場			
bridge [brídʒ] ブリッヂ	橋			
city hall [síti hɔ́ːl] スィティ ホーる	市役所			
hospital [háspitəl] ハスピトる	病院			

もっと書いてみよう！

	意味	1回目	2回目	3回目
	( )			
	( )			
	( )			
	( )			
	( )			
	( )			
	( )			
	( )			
	( )			
	( )			
	( )			
	( )			
	( )			
	( )			
	( )			
	( )			
	( )			
	( )			
	( )			
	( )			
	( )			
	( )			
	( )			
	( )			
	( )			
	( )			
	( )			
	( )			
	( )			
	( )			
	( )			
	( )			
	( )			
	( )			

Level 5 709-884

ここでは，旅行や天気・趣味などを表現できる語も学びます。旅先で出会った外国の人との会話にも大いに役立つことでしょう。

ここで学ぶ単語の種類

- 人との関係を作る動詞（1）
- 態度
- 人との関係を作る動詞（2）
- 気象に関する語
- 天気を表現する
- 破壊
- 旅行に関する語（1）
- よい状態を表す語
- 環境・資源（1）
- 感情を表す語
- 景色など
- 基本動詞⑨　bring
- Dialogue⑨　旅行に行く

- 人の性質を表す語（2）
- 環境・資源（2）
- 海・湖など
- 区分する・選ぶ
- 趣味・娯楽に関する語
- 言語活動（5）
- 仕事に関する語（3）
- 言語活動（6）
- 体を動かす
- 旅行に関する語（2）
- 形に関する語
- 基本動詞⑩　put
- Dialogue⑩　教室で
- 身につけておきたい熟語⑤
- 食べ物：food

人との関係を作る動詞（1）

単語・発音	意味	1回目	2回目	3回目
709 lead [líːd] ウード	導く			
710 marry [mǽri] マぁリ	結婚する			
711 invite [inváit] インヴァイト	招待する			
712 contact [kántækt] カンタぁクト	連絡を取る			

態度

713 behavior [bihéivjər] ビヘイヴャ	ふるまい			
714 manner [mǽnər] マぁナ	行儀			
715 trust [trʌ́st] トラスト	信じる			
716 admire [ədmáiər] アドマイア	感心する			
717 praise [préiz] プレイズ	ほめる			
718 hate [héit] ヘイト	ひどく嫌う			
719 ignore [ignɔ́ːr] イグノー	無視する			

人との関係を作る動詞（2）

720 protect [prətékt] プロテクト	守る			
721 hurt [hə́ːrt] ハ〜ト	傷つける			
722 celebrate [séləbrèit] セれブレイト	祝う			
723 attract [ətrǽkt] アトラぁクト	ひきつける			

気象に関する語

724 weather [wéðər] ウェざ	天気			
725 climate [kláimət] クらイメット	気候			
726 storm [stɔ́ːrm] ストーム	あらし			
727 rain [réin] レイン	雨			
728 snow [snóu] スノウ	雪			
729 blow [blóu] ブロウ	吹く			
730 cloud [kláud] クらウド	雲			

Answers

709 led　710 married　711 invited　712 contact　713 behavior
714 manners　715 Trust　716 admired　717 praised　718 hated
719 ignored　720 protected　721 hurt　722 celebrate　723 attracts

彼女はチームを勝利に**導いた**。	She l_____ the team *to* victory.
彼はフランス出身の女性と**結婚した**。	He m_____ a woman from France.
彼女は私を彼女の誕生パーティーに**招待してくれた**。	She i_____ me to her birthday party.
警察に**連絡を取った**ほうがいいよ。	You should c_____ the police.

彼女は自分の子どもの悪い**ふるまい**に腹を立てた。	She got angry at her child's bad b_____.
子どもたちは**行儀**がよかった。	The children *had good* m_____.
私を**信じて**，すべてうまくいくから。	T_____ me, everything will be OK.
だれもが彼の息子の絵に**感心した**。	Everyone a_____ his son's paintings.
彼らは彼女の努力を**ほめた**。	They p_____ her *for* her hard work.
私は子どものころ**ひどく**ニンジンを**嫌っていた**。	I h_____ carrots when I was a child.
電話が鳴ったが，彼女は**無視した**。	The phone rang, but she i_____ it.

母鳥はひなを雨から**守った**。	The mother bird p_____ its baby *from* the rain.
私はあなたの感情を**傷つけ**たくない。	I don't want to h_____ your feelings.
あなたの国ではどのようにクリスマスを**祝い**ますか。	How do you c_____ Christmas in your country?
その浜辺は夏に多くの観光客を**ひきつける**。	The beach a_____ a lot of visitors in the summer.

天気が悪かったので，私たちは海に泳ぎに行けなかった。	We couldn't go swimming in the sea because of the bad w_____.
地球の**気候**の変化について私たちは何ができるだろうか。	What can we do about global c_____ change?
突然の**あらし**がその街をおそった。	A sudden s_____ hit the city.
私は**雨**の中を出かけたくない。	I don't want to go out in the r_____.
その道は**大雪**のため閉鎖された。	The road was closed because of heavy s_____.
冬には冷たい風が強く**吹く**。	The cold wind b_____ hard in winter.
空には**雲**ひとつなかった。	There wasn't a c_____ in the sky.

724 weather　725 climate　726 storm　727 rain　728 snow
729 blows　730 cloud

天気を表現する

	単語・発音	意味	1回目	2回目	3回目
731	dry [drái] ドライ	乾いた			
732	wet [wét] ウェット	ぬれた			
733	humid [hjú:mid] ヒューミッド	湿気の多い			
734	mild [máild] マイるド	おだやかな			
735	warm [wɔ́:rm] ウォーム	あたたかい			
736	cool [kú:l] クーる	すずしい			
737	sunny [sʌ́ni] サニィ	よく晴れた			
738	windy [wíndi] ウィンディ	風の強い			
739	heat [hí:t] ヒート	暑さ			

破壊

	単語・発音	意味	1回目	2回目	3回目
740	damage [dǽmidʒ] ダぁメッヂ	損害を与える			
741	destroy [distrɔ́i] ディストロイ	破壊する			
742	burn [bə́:rn] バ〜ン	燃やす			

旅行に関する語（1）

	単語・発音	意味	1回目	2回目	3回目
743	trip [tríp] トリップ	（短い）旅行			
744	travel [trǽvəl] トラぁヴる	旅行する			
745	journey [dʒə́:rni] ヂャ〜ニ	（長期の）旅行			
746	tour [túər] トゥア	（周遊）旅行			
747	visit [vízət] ヴィズィト	訪れる			
748	fly [flái] ふらイ	飛行機で行く			
749	ticket [tíkət] ティケト	切符			
750	seat [sí:t] スィート	席			
751	distance [dístəns] ディスタンス	距離			

Answers
731 dry　732 wet　733 humid　734 mild　735 warm
736 cool　737 sunny　738 windy　739 heat　740 damaged
741 destroyed　742 burned　743 trip　744 travel　745 journey

Level 5 731-751

それらの絵画は**乾いた**場所に置いておくように。	Keep the paintings in a d_____ place.
私たちは雨に**ぬれて**しまった。	We *got* w_____ in the rain.
ジョンは東京の**湿気の多い**空気に驚いた。	John was surprised by the h_____ air of Tokyo.
去年の冬の天気は**おだやか**だった。	The weather was m_____ last winter.
今日は寒いから，**あたたかい**コートを着なさい。	It's cold today, so put on a w_____ coat.
私たちは休むための**すずしい**場所を見つけた。	We found a c_____ place to rest.
よく晴れた日だった。	It was a s_____ day.
今日はとても**風が強い**ね！	It's so w_____ today!
私はこの**暑さ**にはがまんできない。	I can't stand this h_____.
彼女の車はその事故で**損害を与えられた**。	Her car was d_____ in the accident.
敵がその橋を**破壊した**。	The enemy d_____ the bridge.
彼は古い手紙を**燃やした**。	He b_____ the old letters.
私たちは修学**旅行**で沖縄に行った。	We went to Okinawa for our school t_____.
世界一周**旅行**したい。	I want to t_____ around the world.
彼らは砂漠を横断する**旅**に出かけた。	They *went on* a j_____ across the desert.
私はサンフランシスコ5日間の**旅**に出た。	I took a 5-day t_____ of San Francisco.
私は今日，父親の会社を**訪れる**予定だ。	I'm going to v_____ my father's office today.
私は東京から広島へ**飛行機で行った**。	I f_____ from Tokyo to Hiroshima.
彼女はパリまでの片道**切符**を買った。	She bought a one-way t_____ to Paris.
どうぞ**席**にお座りください。	Please *take a* s_____.
ニューヨークからボストンまでの**距離**はどれくらいですか。	What is the d_____ from New York to Boston?

746 tour **747** visit **748** flew **749** ticket **750** seat
751 distance

よい状態を表す語

単語・発音	意味	1回目	2回目	3回目
752 fun [fʌ́n] ふァン	楽しみ			
753 pure [pjúər] ピュア	純粋な			
754 useful [júːsfl] ユースふル	役に立つ			
755 familiar [fəmíljər] ふァミリャ	なじみの, よく知っている			
756 lucky [lʌ́ki] らッキィ	幸運な			
757 joy [dʒɔ́i] ヂョイ	うれしさ			

環境・資源(1)

単語・発音	意味	1回目	2回目	3回目
758 wild [wáild] ワイるド	野生の			
759 forest [fɔ́(ː)rəst] ふォレスト	森			
760 wood [wúd] ウッド	木			
761 fuel [fjúːəl] ふューエる	燃料			

感情を表す語

単語・発音	意味	1回目	2回目	3回目
762 fear [fíər] ふィア	恐れ			
763 horror [hɔ́ːrər] ホーラ	恐怖			
764 pity [píti] ピティ	残念なこと			
765 sorrow [sárou] サロウ	悲しみ			

景色など

単語・発音	意味	1回目	2回目	3回目
766 sight [sáit] サイト	光景			
767 scene [síːn] スィーン	場面			
768 view [vjúː] ヴュー	ながめ			
769 image [ímidʒ] イミヂ	イメージ			

Answers

752 fun	753 pure	754 useful	755 familiar familiar	756 lucky
757 joy	758 wild	759 forest	760 wood	761 fuel
762 Fear	763 horror	764 pity	765 sorrow	766 sight

楽しんでいますか。	Are you *having* f___?
このカップは純粋な金でできている。	This cup is made of p___ gold.
この本は生徒たちの役に立つ。	This book is u___ for students.
彼女は私にとってなじみがあるように見える。	She looks f___ to me.
ジョンは日本の文化をよく知っている。	John *is* very f___ *with* Japanese culture.
私たちが無料のチケットを入手できたのは幸運だった。	We were l___ to get the free tickets.
私はそのニュースを聞いたときうれしくてとびあがった。	I *jumped for* j___ when I heard the news.

私はアフリカで野生動物を見たい。	I want to see the w___ animals in Africa.
私たちは森の中でシカを見た。	We saw a deer in the f___.
この人形は木でできている。	This doll *is made of* w___
あの古い車は燃料を大量に使う。	That old car uses a lot of f___

恐れは人が新しいことを試みることを妨げる可能性がある。	F___ can stop people from trying new things.
彼は恐怖のあまり叫んだ。	He screamed *in* h___.
彼女がそのパーティーに来られなかったのは残念なことだ。	It's a p___ that she couldn't come to the party.
私はその悲しいニュースに深い悲しみを感じた。	I felt deep s___ at the sad news.

そのにじは美しい光景だった。	The rainbow was a beautiful s___.
それはその映画で最も有名な場面だ。	It's the most famous s___ in the movie.
私たちの部屋からの富士山はすばらしいながめだった。	We had a great v___ of Mt. Fuji from our room.
日本人はリンカーンによいイメージをもっている。	The Japanese have a good i___ of Lincoln.

767 scene　　**768** view　　**769** image

基本動詞⑨ bring

Did you _____ your umbrella?	傘を**持ってきましたか**。
770 I **brought** the book you wanted to borrow.	あなたが借りたがっていた本を（　　　　）。
Is it OK if I **bring** my friends to the party?	私の友だちをパーティーに（　　　　）もいいですか。
Money does not **bring** happiness.	お金は**幸せ**（　　　　）ものではない。
771 Don't _____ those dirty shoes _____ the house!	その汚い靴を家**に持ち込ま**ないで！
772 _____ the book _____ to him.	彼に本**を返し**なさい。
773 She _____ five children.	彼女は5人の子ども**を育てた**。
774 His careless driving _____ the accident.	彼の不注意な運転が，その事故**を引き起こした**。
775 The king tried to _____ the country _____.	その王は国**をまとめる**努力をした。

Answers

770 bring 持ってきた 連れていって をもたらす　**771** bring / in　**772** Bring / back
773 brought up　**774** brought about　**775** bring / together

Dialogue ⑨ 旅行に行く

父：このパンフレットは何だい？	*Dad*: What are these pamphlets?
真理：ああ，お父さん，私，今年の夏はハワイに行きたいの！	*Mari*: Oh, Dad, I want to go to Hawaii this summer!
776 777 父：**いいね。私はいちどもそこへ行ったことがない**よ。	*Dad*: _____ good. I've _____ _____ before.
778 真理：**行ったことがないの？** おもしろい場所がたくさんあるのよ！	*Mari*: _____ _____ ? There are a lot of interesting places to see!
父：どこに行きたいの？	*Dad*: Where do you want to go?
真理：私は大きなショッピング・モールへ行きたいの。	*Mari*: I want to go to the big shopping mall.
父：お母さんも行きたいだろうね。私はダイヤモンド・ヘッドを見たいよ。	*Dad*: I think your mother wants to go there, too. I want to see Diamond Head.
（ホノルル空港で）	*(At Honolulu Airport)*
779 審査官：**パスポートを見せていただけますか？**	*Officer*: Will _____ _____ your passport?
真理：どうぞ。	*Mari*: Here you are.
780 審査官：**ハワイにはどれくらい滞在しますか？**	*Officer*: How _____ are you _____ in Hawaii?
真理：5日です。	*Mari*: Five days.
審査官：家族といっしょに旅行をしていますか？	*Officer*: Are you traveling with your family?
真理：はい，母と父といっしょです。	*Mari*: Yes, with my mother and father.
781 審査官：結構です。**滞在を楽しんでください。**	*Officer*: OK. _____ your _____ .
真理：ありがとう。	*Mari*: Thank you.

Answers
776 Sounds　777 never been there　778 You haven't　779 you show me　780 long / going to stay　781 Enjoy / stay

人の性質を表す語 (2)

No.	単語・発音	意味	1回目	2回目	3回目
782	lazy [léizi] れイズィ	怠惰な			
783	strict [stríkt] ストリクト	厳しい			
784	polite [pəláit] ポらイト	礼儀正しい			
785	tough [tʌ́f] タふ	たくましい			
786	cheerful [tʃíərfl] チアふる	快活な			
787	intelligent [intélidʒənt] インテりヂェント	知能の高い			
788	attractive [ətrǽktiv] アトラぁクティヴ	魅力的な			

環境・資源 (2)

No.	単語・発音	意味	1回目	2回目	3回目
789	oil [ɔ́il] オイる	石油			
790	iron [áiərn] アイアン	鉄			
791	desert [dézərt] デザト	砂漠			
792	planet [plǽnit] プらぁネット	惑星			

海・湖など

No.	単語・発音	意味	1回目	2回目	3回目
793	ocean [óuʃən] オウシャン	海			
794	lake [léik] れイク	湖			
795	pond [pánd] パンド	池			
796	beach [bíːtʃ] ビーチ	浜辺			
797	coast [kóust] コウスト	海岸			
798	wave [wéiv] ウェイヴ	波			

区分する・選ぶ

No.	単語・発音	意味	1回目	2回目	3回目
799	choose [tʃúːz] チューズ	選ぶ			
800	divide [diváid] ディヴァイド	分ける			
801	separate [sépərèit] セパレイト	分ける			
802	select [səlékt] セれクト	選ぶ			
803	election [ilékʃən] イれクション	選挙			

Answers

782 lazy　783 strict　784 polite　785 tough　786 cheerful
787 intelligent　788 attractive　789 oil　790 iron　791 desert
792 planet　793 ocean　794 lake　795 pond　796 beach

Level 5 782-803 107

そんなに**怠惰**になってはいけない。	Don't be so l_____.
私の父は私にとても**厳しい**。	My father is very s_____ with me.
それは**礼儀正しい**発言ではない。	That isn't a p_____ thing to say.
彼女はほんの子どもだが，彼女は**たくましい**。	She is only a child, but she is t_____.
彼の祖母は聡明で**快活な**人だ。	His grandmother is bright and c_____.
イルカは**知能の高い**動物だ。	A dolphin is an i_____ animal.
私は彼女の声が**魅力的だ**と感じた。	I found her voice a_____.

石油の価格があがっている。	The price of o_____ is rising.
《ことわざ》**鉄**は熱いうちに打て。	Strike while the i_____ is hot.
砂漠は日中は非常に暑くて乾燥していた。	The d_____ was really hot and dry in the daytime.
地球は太陽から3番目の**惑星**だ。	The Earth is the third p_____ from the sun.

海の近くの家を買うのが私の夢だ。	Buying a house near *the* o_____ is my dream.
私たちは**湖**のまわりを散歩した。	We walked around the l_____.
私は**池**にカエルが飛び込むのを見た。	I saw a frog jump into the p_____.
明日，**浜辺**に行こう。	Let's go to the b_____ tomorrow.
カリフォルニアはアメリカ合衆国の西**海岸**にある。	California is on the west c_____ of the United States.
その船は**波**に立ち向かって進んでいた。	The ship was going against the w_____.

彼女は赤いドレスを**選んだ**。	She c_____ the red dress.
私たちはそのケーキを小さく**分けた**。	We d_____ the cake *into* smaller pieces.
1枚の薄い壁が2つの部屋を**分けていた**。	A thin wall s_____ the two rooms.
彼は国代表のチームに**選ばれ**たいと望んでいた。	He hoped to be s_____ for the national team.
その**選挙**は11月にある。	The e_____ will be in November.

797 coast **798** waves **799** chose **800** divided **801** separated
802 selected **803** election

趣味・娯楽に関する語

	単語・発音	意味	1回目	2回目	3回目
804	hobby [hábi] ハビ	趣味			
805	movie [mú:vi] ムーヴィ	《米》映画			
806	film [fílm] ふィるム	《英》映画			
807	photograph [fóutəgræf] ふォウトグラぁふ	写真			
808	fan [fǽn] ふぁン	ファン			
809	band [bǽnd] バぁンド	バンド			

言語活動 (5)

	単語・発音	意味	1回目	2回目	3回目
810	meaning [mí:niŋ] ミーニング	意味			
811	opinion [əpínjən] オピニョン	意見			
812	sentence [séntəns] センテンス	文			
813	conversation [kànvərséiʃən] カンヴァセイション	会話			
814	discussion [diskʌ́ʃən] ディスカション	議論			

仕事に関する語 (3)

	単語・発音	意味	1回目	2回目	3回目
815	skill [skíl] スキる	技能			
816	industry [índəstri] インダストリ	産業			
817	perform [pərfɔ́:rm] パふォーム	演奏する			
818	career [kəríər] カリア	仕事			
819	quality [kwáləti] クウァりティ	質			
820	quantity [kwántəti] クウァンティティ	量			
821	prove [prú:v] プルーヴ	証明する			
822	achieve [ətʃí:v] アチーヴ	達成する			
823	manage [mǽnidʒ] マぁニヂ	どうにかして～する			
824	average [ǽvəridʒ] あヴェリヂ	平均の			
825	factory [fǽktəri] ふぁクタリ	工場			
826	labor [léibər] れイバ	労働			

Answers

- 804 hobby
- 805 movie
- 806 film
- 807 photographs
- 808 fan
- 809 band
- 810 meaning
- 811 opinion
- 812 sentences
- 813 conversation
- 814 discussion
- 815 skills
- 816 industry
- 817 performed
- 818 career

Level 5 804-826 109

私の**趣味**は読書です。	My h_____ is reading books.
この週末に**映画**を見に行こう。	Let's go to see a m_____ this weekend.
カーロは今ちょうど新しい**映画**を作っている。	Carlo is making a new f_____ right now.
彼女の**写真**を持っていますか。	Do you have any p_____ of her?
シンディはサッカー**ファン**だったが，今は野球が好きだ。	Cindy was a soccer f_____, but now she likes baseball.
私は明日，友人のブラス**バンド**コンサートに行く。	I will go to my friend's brass b_____ concert tomorrow.

この言葉の**意味**は何ですか。	What is the m_____ of this word?
私の**意見**では，彼は間違っている。	*In my* o_____, he is wrong.
短く簡単な**文**を書いてください。	Please write short and simple s_____.
私はゆうベポールと長い**会話**をした。	*I had a* long c_____ *with* Paul last night.
明日，それについて**議論**しましょう。	Let's have a d_____ about it tomorrow.

彼女は優れた会話の**技能**を持っている。	She has good speaking s_____.
私の父はコンピュータ**産業**で働いている。	My father works in the computer i_____.
私の妹[姉]はクラシック音楽のコンサートで**演奏した**。	My sister p_____ in the classical music concert.
私は出版の**仕事**につきたい。	I want to *have a* c_____ *in* publishing.
私はスイス時計の高い**品質**が好きだ。	I like the high q_____ of Swiss watches.
そのケーキを作るには多**量**の砂糖が必要だ。	We need *a large* q_____ *of* sugar to make the cake.
あなたは自分の技能を**証明し**なければならない。	You have to p_____ your skills.
サラは一生懸命働いて，彼女の目標を**達成した**。	Sarah worked hard and a_____ her goals.
ジョンは**どうにか**その試験に合格**した**。	John m_____ *to pass* the test.
このチームの選手たちの**平均**年齢はいくつですか。	What is the a_____ age of the players on this team?
400人の人がこの**工場**で働いている。	Four hundred people work in this f_____.
その工場で働くのは重**労働**だった。	Working in the factory was hard l_____.

819 quality **820** quantity **821** prove **822** achieved **823** managed
824 average **825** factory **826** labor

言語活動 (6)

	単語・発音	意味	1回目	2回目	3回目
827	discuss [diskʌ́s] ディスカス	話し合う			
828	argue [áːrgjuː] アーギュー	議論する			
829	debate [dibéit] ディベイト	討論する			
830	repeat [ripíːt] リピート	くり返す			
831	nod [nád] ナッド	うなずく			
832	insist [insíst] インスィスト	主張する			
833	criticize [krítəsàiz] クリタサイズ	非難する			
834	comment [káment] カメント	意見を述べる			
835	advice [ədváis] アドヴァイス	助言			
836	gesture [dʒéstʃər] チェスチャ	身振り			

体を動かす

	単語・発音	意味	1回目	2回目	3回目
837	cross [krɔ́ːs] クロース	横断する			
838	exercise [éksərsàiz] エクササイズ	運動			
839	climb [kláim] クらイム	登る			
840	ride [ráid] ライド	乗る			
841	shake [ʃéik] シェイク	振る			
842	wash [wáʃ] ワッシュ	洗う			
843	lift [líft] りふト	持ち上げる			
844	hide [háid] ハイド	隠す			

旅行に関する語 (2)

	単語・発音	意味	1回目	2回目	3回目
845	sail [séil] セイる	船で渡る			
846	guide [gáid] ガイド	ガイド			
847	sightseeing [sáitsiːiŋ] サイトスィーイング	観光			
848	passport [pǽspɔ̀ːrt] パぁスポート	パスポート			

Answers

- 827 discuss
- 828 argue
- 829 debated
- 830 repeated
- 831 nodded
- 832 insisted
- 833 criticize
- 834 commented
- 835 advice
- 836 gesture
- 837 cross
- 838 exercise
- 839 climb
- 840 rides
- 841 Shake

私はあなたとその問題について**話し合い**たい。	I want to d_____ the problem with you.
私はそのことで**議論し**たくない。	I don't want to a_____ about it.
私たちは決定を下す前に3時間**討論した**。	We d_____ for three hours before making a decision.
彼は同じ間違いを**くり返した**。	He r_____ the same mistake.
リサは大統領の言葉に**うなずいた**。	Lisa n_____ at the president's words.
アンは自分はうそをついていないと**主張した**。	Anne i_____ that she wasn't lying.
私は他人を**非難する**人は好きではない。	I don't like people who c_____ others.
メアリーはジュディの新しい服について**意見を述べた**。	Mary c_____ on Judy's new clothes.
ブラウン氏に**助言**を求めてはどうですか。	Why don't you ask Mr. Brown for a_____?
私たちの先生は立ち上がるようにという**身振り**をした。	Our teacher made a g_____ to stand up.

道路を**横断する**ときは気をつけなさい。	Be careful when you c_____ the street.
私はもっと**運動**する必要がある。	I need to get more e_____.
ほとんどの子どもは木に**登る**のが大好きだ。	Most kids love to c_____ trees.
サンドラは毎日自転車に**乗って**学校へ行く。	Sandra r_____ her bicycle to school every day.
そのサラダドレッシングのびんをよく**振り**なさい。	S_____ the bottle of salad dressing well.
トミー，夕飯の前に手を**洗い**なさい。	Tommy, w_____ your hands before dinner.
あの重いスーツケースを**持ち上げ**られますか。	Can you l_____ that heavy suitcase?
彼女は寝室に誕生日プレゼントを**隠した**。	She h_____ the birthday present in the bedroom.

その男性は海を**船で渡った**。	The man s_____ across the ocean.
その**ガイド**はその古い城の歴史について話してくれた。	The g_____ talked about the history of the old castle.
私たちはチャイナタウンに**観光**に行った。	We went s_____ in Chinatown.
パスポートを持ってくるのを忘れずに。	Don't forget to bring your p_____.

842 wash　843 lift　844 hid　845 sailed　846 guide
847 sightseeing　848 passport

形に関する語

単語・発音	意味	1回目	2回目	3回目
849 form [fɔ́:rm] ふォーム	形, 形式			
850 shape [ʃéip] シェイプ	形, 姿			
851 circle [sə́:rkl] サ〜クる	円			
852 square [skwéər] スクウェア	正方形			
853 middle [mídl] ミドる	中央			
854 triangle [tráiæŋgl] トライあングる	三角形			
855 straight [stréit] ストレイト	まっすぐな			
856 flat [flǽt] ふらぁット	平らな			
857 round [ráund] ラウンド	丸い			
858 sharp [ʃá:rp] シャープ	鋭い			

Answers

849 form　　850 shape　　851 circle　　852 squares　　853 middle
854 triangle　　855 straight　　856 flat　　857 round　　858 sharp

このダンスの**形**はサンバと呼ばれる。	This f_____ of dancing is called samba.
そのケーキは星の**形**をしていた。	The cake was in the s_____ of a star.
皆さん，**円**になってください。	Everybody, please *make a* c_____.
折り紙の紙は**正方形**に切られている。	Origami paper is cut into s_____.
その湖の**中央**に小さな島がある。	There is a small island *in the* m_____ *of* the lake.
彼は紙に**三角形**を描いた。	He drew a t_____ on the paper.
まっすぐに歩きなさい。	Walk *in a* s_____ *line*.
そのアザラシたちは**平らな**岩の上で眠っていた。	The seals were sleeping on a f_____ rock.
私はこのかばんの**丸い**形が好きだ。	I like the r_____ shape of this bag.
気をつけて，そのナイフはとても**鋭い**から。	Be careful, that knife is very s_____.

基本動詞⑩ put

He _____ the book on the table.	彼はその本をテーブルに**置いた**。
He **put** the radio on the desk.	彼はラジオを机の上に（　　　）。
Put your hand on your head.	手を頭の上に（　　　）。
She **put** her arms *around* her daughter.	彼女は娘の体に両腕を（　　　）。
Put *your name* on the top of the answer sheet.	解答用紙のいちばん上に**名前**（　　　）。
The news **put** her *in a bad mood*.	そのニュースは彼女を**不機嫌に**（　　　）。
860 She _____ _____ her favorite dress.	彼女はお気に入りのドレス**を着た**。
861 Please _____ _____ the candle.	ろうそく**を消して**ください。
862 Tonight's concert will be _____ _____ till next week.	今夜のコンサートは来週まで**延期される**だろう。
863 They _____ _____ a big sign.	彼らは大きな看板**を掲げた**。
864 _____ _____ your bag and rest for a minute.	かばん**を下に置いて**，ちょっと休みなさい。
865 He _____ the book _____ on the shelf.	彼は本を棚**に戻した**。
866 _____ your toys _____ in the closet!	戸棚におもちゃ**を片づけ**なさい！

Answers
859 put　置いた　置きなさい　回した　を記入しなさい　させた　　860 put on　　861 put out
862 put off　　863 put up　　864 Put down　　865 put / back　　866 Put / away

Dialogue ⑩ 教室で

867, 868	伊藤先生：それではみなさん，**教科書15ページを開いてください**。ピーター，最初のパラグラフ**を声に出して読んでくれますか？**	Ms. Ito: OK, everyone, _____ _____ textbooks _____ fifteen. Peter, would you _____ the first paragraph _____ _____?
	ピーター：「87年前…」	Peter: Fourscore and seven years ago ...
869	伊藤先生：ピーター，聞こえないです。**もう少し大きな声で話してくれますか？**	Ms. Ito: Peter, I can't hear you. Please _____ a _____ louder.
870	真理：伊藤先生，**窓を閉めてもいいですか？** 外がうるさいです。	Mari: Ms. Ito, may I _____ _____? It's noisy outside.
	伊藤先生：いいですよ。	Ms. Ito: Yes, you may.
	ピーター：ありがとう，真理。	Peter: Thank you, Mari.
871	真理：ピーター，辞書**を借りてもいい？**	Mari: Peter, _____ _____ borrow _____ dictionary?
	ピーター：いいよ，どうぞ。	Peter: Sure, go ahead.
	真理：ありがとう。昨日の夜，宿題を終えられなかったの。	Mari: Thank you. I couldn't finish my homework last night.
	ピーター：昨日はいそがしかったの？	Peter: Were you busy yesterday?
872	真理：うん。私は学校のバスケットチーム**に所属している**の。日曜日に大きな試合があるの。	Mari: Yes, I _____ _____ the school basketball team. We're going to have a big game on Sunday.
873	ピーター：わあ，**がんばってね！**	Peter: Wow, _____ _____!
	真理：ありがとう。	Mari: Thanks.

Answers
867 open your / to page　868 read / out loud　869 speak / little　870 close the window　871 can I / your　872 belong to　873 good luck

身につけておきたい熟語⑤

#	日本語	英語
874	ヒーターの**スイッチを入れて**いただけますか。	Could you t_____ _____ the heater, please?
875	部屋を出るときは電気**を消し**なさい。	T_____ _____ the lights when you leave the room.
876	ラジオ**の音量を下げて**くれませんか。	Will you _____ d_____ the radio?
877	パレードが今私の家**のそばを通り過ぎ**ている。	The parade is p_____ _____ my house now.
878	彼の祖父は昨年**亡くなった**。	His grandfather p_____ _____ last year.
879	私は彼**を見送る**ために，空港へ行った。	I went to the airport to s_____ him _____.
880	**たとえ**雨**でも**私は出かける。	I'll go out _____ i_____ it rains.
881	彼らは試合に負けた**のに**，うれしそうだった。	_____ _____ t_____ they lost the game, they looked happy.
882	私たちはテレビドラマが始**まるときまでに**夕食を終えるつもりだ。	We'll finish dinner b_____ _____ the TV drama starts.
883	私が知**る限り**，彼は結婚していない。	_____ _____ f_____ I know, he is not married.
884	最初に宿題をし**さえすれば**，テレビを見てもいいよ。	You may watch TV _____ l_____ _____ you do your homework first.

Answers
- 874 turn on
- 875 Turn off
- 876 turn down
- 877 passing by
- 878 passed away
- 879 see / off
- 880 even if
- 881 Even though
- 882 by the time
- 883 As far as
- 884 as long as

食べ物：food

単語・発音	意 味	1回目	2回目	3回目
milk [mílk] ミるク	牛乳			
tea [tíː] ティー	紅茶			
coffee [kɔ́ːfi] コーふィ	コーヒー			
chicken [tʃíkin] チキン	鶏肉			
beef [bíːf] ビーふ	牛肉			
pork [pɔ́ːrk] ポーク	豚肉			
fish [fíʃ] ふィッシュ	魚			
bread [bréd] ブレド	パン			
rice [ráis] ライス	ごはん			
cake [kéik] ケイク	ケーキ			
fruit [frúːt] ふルート	フルーツ			
orange [ɔ́ːrindʒ] オーリンヂ	オレンジ			
banana [bənǽnə] バナぁナ	バナナ			
grape [gréip] グレイプ	ブドウ			
apple [ǽpl] あプる	リンゴ			
cherry [tʃéri] チェリ	サクランボ			
egg [ég] エッグ	卵			
tomato [təméitou] トメイトウ	トマト			
potato [pətéitou] ポテイトウ	ジャガイモ			
butter [bʌ́tər] バタ	バター			
cheese [tʃíːz] チーズ	チーズ			
fork [fɔ́ːrk] ふォーク	フォーク			
knife [náif] ナイふ	ナイフ			
spoon [spúːn] スプーン	スプーン			
dish [díʃ] ディッシュ	お皿			
salt [sɔ́ːlt] ソーるト	塩			
cup [kʌ́p] カップ	カップ			
glass [glǽs] グらぁス	コップ			
sugar [ʃúgər] シュガ	砂糖			

もっと書いてみよう！

	意 味	1回目	2回目	3回目
	( )			
	( )			
	( )			
	( )			
	( )			
	( )			
	( )			
	( )			
	( )			
	( )			
	( )			
	( )			
	( )			
	( )			
	( )			
	( )			
	( )			
	( )			
	( )			
	( )			
	( )			
	( )			
	( )			
	( )			
	( )			
	( )			
	( )			
	( )			
	( )			
	( )			
	( )			
	( )			
	( )			

Level 6   885-1066

ここまで来たら,「英語力がついた！」と実感しているはずです。この１冊を終えたとき,あなたは中学から高校の基本レベルの語いを,すべて習得したことになります。

ここで学ぶ単語の種類

- 相づち・強調する語
- 環境問題など
- 料理に関する語
- 病気に関する語
- 学問に関する語(2)
- 人や集団
- よい状態を表す名詞
- 調査に関する語(1)
- 人の心理を表す形容詞
- 調査に関する語(2)
- everのつく語
- 前置詞①
- Dialogue⑪　家で

- 危機・事故・犯罪など
- 災害・社会問題に関する語
- 心の動き(4)
- 否定を表す語
- 社会に関する語(3)
- 戦いに関する語
- よくない状態を表す語
- 特徴を示す形容詞(1)
- 不安・心配など
- 特徴を示す形容詞(2)
- よい状態を表す形容詞
- 危機・緊急事態
- 社会に関する動詞
- 前置詞②
- 身につけておきたい熟語⑥
- 家族：family

相づち・強調する語

	単語・発音	意味	1回目	2回目	3回目
885	exactly [igzǽktli] イグザぁクトり	ちょうど			
886	indeed [indíːd] インディード	実に			
887	anyway [éniwèi] エニウェイ	とにかく			
888	certainly [sə́ːrtnli] サ～トンり	確かに			
889	absolutely [ǽbsəlúːtli] あブソるートり	完全に			
890	hardly [háːrdli] ハードり	ほとんど～ない			
891	otherwise [ʌ́ðərwàiz] アざワイズ	そうでないと			
892	sure [ʃúər] シュア	確かな			

環境問題など

	単語・発音	意味	1回目	2回目	3回目
893	environment [enváiərənmənt] エンヴァイアロンメント	自然環境			
894	recycle [rìːsáikl] リーサイクる	リサイクルする			
895	garbage [gáːrbidʒ] ガービヂ	ごみ			

料理に関する語

	単語・発音	意味	1回目	2回目	3回目
896	bake [béik] ベイク	焼く			
897	boil [bɔ́il] ボイる	わかす			
898	melt [mélt] メるト	溶ける			
899	mix [míks] ミックス	混ぜる			
900	serve [sə́ːrv] サ～ヴ	出す			

病気に関する語

	単語・発音	意味	1回目	2回目	3回目
901	sickness [síknis] スィックネス	病気			
902	illness [ílnis] イるネス	(sicknessより重い) 病気			
903	fever [fíːvər] ふィーヴァ	熱			
904	cough [kɔ́ːf] コーフ	せき			
905	headache [hédèik] ヘデイク	頭痛			
906	cure [kjúər] キュア	治療（法）			

Answers
- 885 exactly
- 886 indeed
- 887 Anyway
- 888 certainly
- 889 absolutely
- 890 hardly
- 891 Otherwise
- 892 sure
- 893 environment
- 894 recycle
- 895 garbage
- 896 baking
- 897 Boil
- 898 melt
- 899 Mix

Level 6 885-906 *121*

日本語	英語
ちょうど10ドルになります。	It costs e_____ ten dollars.
彼女は実によい作家だ。	She is i_____ a good writer.
とにかく，明日会いましょう。	A_____, I'll see you tomorrow.
彼には確かにたくさん友人がいる。	He c_____ has a lot of friends.
私は完全にあなたに同意します。	I a_____ agree with you.
私は彼女のことをほとんど知らない。	I h_____ know her.
上着を着なさい。そうでないと寒いですよ。	Wear a jacket. O_____, you'll be cold.
それは確かですか。	Are you s_____ about that?
私たちは自然環境を守るために何ができるだろうか。	What can we do to save the e_____?
これらのびんはリサイクルしてください。	Please r_____ these bottles.
明日の朝，ごみを出すのを忘れないで。	Don't forget to take out the g_____ tomorrow morning.
彼女はクッキーを焼くのが好きだ。	She likes b_____ cookies.
野菜を切る前に水をわかしなさい。	B_____ some water before you cut the vegetables.
私のアイスクリームが溶け始めていた。	My ice cream was starting to m_____.
牛乳と砂糖を混ぜなさい。	M_____ the milk and sugar.
そのウェイターはホテルの部屋で私たちに朝食を出してくれた。	The waiter s_____ us breakfast in the hotel room.
彼は病気のため学校を欠席した。	He was absent from school because of his s_____.
彼女は重い病気だ。	She has a serious i_____.
スーザンは高熱がある。	Susan *has a* high f_____.
それは悪いせきだね。	That's a bad c_____.
私は頭痛がしたので早く床に着いた。	I went to bed early because I *had a* h_____.
よくあるかぜには治療法がない。	There is no c_____ for the common cold.

900 served　901 sickness　902 illness　903 fever　904 cough
905 headache　906 cure

学問に関する語（2）

	単語・発音	意味	1回目	2回目	3回目
907	source [sɔ́ːrs] ソース	源			
908	standard [stǽndərd] スタぁンダド	水準			
909	progress [prάgres] プラグレス	進歩			
910	judge [dʒʌ́dʒ] ヂャッヂ	判断する			
911	similar [símələr] スィミら	〜に似ている			
912	worth [wə́ːrθ] ワ〜す	〜の価値がある			
913	physical [fízikəl] ふィズィカる	身体の			
914	mental [méntəl] メントる	精神の			
915	examine [igzǽmin] イグザぁミン	調査する			
916	invent [invént] インヴェント	発明する			

人や集団

	単語・発音	意味	1回目	2回目	3回目
917	crowd [kráud] クラウド	群衆			
918	audience [ɔ́ːdiəns] オーディアンス	聴衆			
919	expert [ékspəːrt] エクスパ〜ト	専門家			
920	author [ɔ́ːθər] オーさ	著者			
921	customer [kʌ́stəmər] カスタマ	客			
922	volunteer [vὰləntíər] ヴァらンティア	ボランティア			
923	passenger [pǽsəndʒər] パぁセンヂャ	乗客			
924	partner [pάːrtnər] パートナ	パートナー			

よい状態を表す名詞

	単語・発音	意味	1回目	2回目	3回目
925	pleasure [pléʒər] プれヂャ	楽しみ			
926	favor [féivər] ふェイヴァ	好意			
927	ideal [aidíːəl] アイディーアる	理想			

Answers
- 907 source
- 908 standard
- 909 progress
- 910 judge
- 911 similar
- 912 worth
- 913 physical
- 914 mental
- 915 examine
- 916 invented
- 917 crowd
- 918 audience
- 919 expert
- 920 author
- 921 customers

太陽のエネルギー**源**は何か。	What is the sun's s_____ of energy?
彼らの生活**水準**は高い。	They have a *high* s_____ *of living*.
リリーはフランス語がかなり**進歩**している。	Lily is *making* good p_____ *with* her French.
私は本を表紙で**判断し**ない。	I don't j_____ a book by its cover.
ポールの家は彼の兄[弟]の家に非常に**似ている**。	Paul's house *is* very s_____ *to* his brother's.
この絵は100万円の**価値がある**。	This painting is w_____ one million yen.
彼女の**身体**はとても強い。	She has great p_____ strength.
精神の健康のためにはくつろぐのがよい。	Relaxing is good for your m_____ health.
どのようにしてその事故が起こったのか**調査する**べきだ。	We should e_____ how the accident happened.
エジソンは1879年に電灯を**発明した**。	Edison i_____ the electric light in 1879.

市役所の前に**群衆**がいた。	There was a c_____ in front of city hall.
聴衆は立ち上がって声援を送った。	The a_____ stood up and cheered.
ジムは古いイギリス映画の**専門家**だ。	Jim is an e_____ on old English films.
彼は芸術に関する3冊の本の**著者**である。	He is the a_____ of three books on art.
今日は**客**が多い。	There are a lot of c_____ today.
ジェーンはその病院の**ボランティア**だ。	Jane is a v_____ at that hospital.
そのバスには20人の**乗客**がいた。	There were 20 p_____ on the bus.
ケイトはボブのダンス**パートナー**だ。	Kate is Bob's dancing p_____ .

私は**楽しみ**のためによく読書をします。	I often read for p_____ .
あなたに**お願いして**もいいですか。	May I *ask a* f_____ *of* you?
彼は高い**理想**を持つ指導者だった。	He was a leader with high i_____ .

922 volunteer　923 passengers　924 partner　925 pleasure　926 favor
927 ideals

調査に関する語（1）

	単語・発音	意味	1回目	2回目	3回目
928	research [rí:sə:rtʃ] リーサ～チ	調査			
929	compare [kəmpéər] コムペア	比較する			
930	include [inklú:d] インクるード	含む			
931	fill [fíl] ふィる	満たす			
932	deep [dí:p] ディープ	深い			
933	various [véəriəs] ヴェアリアス	さまざまな			
934	value [vǽlju:] ヴぁりュー	価値			

人の心理を表す形容詞

	単語・発音	意味	1回目	2回目	3回目
935	proud [práud] プラウド	誇りに思う			
936	exciting [iksáitiŋ] イクサイティング	わくわくさせる			
937	curious [kjúəriəs] キュアリアス	～を知りたがる			
938	aware [əwéər] アウェア	認識している			

調査に関する語（2）

	単語・発音	意味	1回目	2回目	3回目
939	rate [réit] レイト	率			
940	attention [əténʃən] アテンション	注意			
941	search [sə́:rtʃ] サ～チ	さがす			
942	data [déitə] デイタ	資料			
943	discovery [diskʌ́vəri] ディスカヴァリ	発見			
944	observe [əbzə́:rv] オブザ～ヴ	観察する			
945	check [tʃék] チェック	確認する			

ever のつく語

	単語・発音	意味	1回目	2回目	3回目
946	whatever [hwʌtévər] ワッテヴァ	～するものは何でも			
947	whenever [hwenévər] ウェネヴァ	～するときはいつでも			
948	wherever [hweərévər] ウェアレヴァ	～するところならどこでも			
949	however [hauévər] ハウエヴァ	どれほど～でも			

Answers
- 928 research
- 929 compared
- 930 includes
- 931 Fill
- 932 deep
- 933 various
- 934 value
- 935 proud
- 936 exciting
- 937 curious
- 938 aware
- 939 rate
- 940 attention
- 941 searched
- 942 data

| Level 6 | 928-949 | 125 |

私は地球温暖化についていくらか**調査**をした。	I did some r_____ on global warming.
私は高いドレスと安いドレスを念入りに**比較した**。	I carefully c_____ the expensive dress *with* the cheaper one.
この値段は税金も**含まれている**。	This price i_____ tax.
そのコップを水で**満たし**なさい。	F_____ the glass *with* water.
その種の魚は**深**海に生息している。	That kind of fish lives in the d_____ sea.
さまざまな人からの助言をもらうようにしなさい。	Try to get advice from v_____ kinds of people.
この絵画の**価値**はあまり高くない。	The v_____ of this painting is not very high.

ルーシーは彼女の兄[弟]を**誇りに思っている**。	Lucy *is* p_____ *of* her brother.
私たちは昨夜, **わくわくさせる**映画を見た。	We watched an e_____ movie last night.
メアリーは日本文化を**知りたがっている**。	Mary *is* c_____ *about* Japanese culture.
エネルギーを節約しなければならないということはみんな**認識している**。	Everyone *is* a_____ *that* we need to save energy.

ここの税**率**はいくらですか。	What is the tax r_____ here?
アンディは彼の先生が言っていることに**注意**を払わなかった。	Andy didn't *pay* a_____ *to* what his teacher was saying.
ナンシーはパスポートを見つけようとバッグを**さがした**。	Nancy s_____ her bag *for* her passport.
この**資料**は30か国から集められた。	This d_____ was collected from 30 countries.
そのニュース報道は新しい**発見**についてだった。	The news report was about a new d_____.
私は公園の鳥を**観察した**。	I o_____ the birds in the park.
つづりを2回**確認**しましたか。	Have you c_____ your spelling twice?

私は彼女がしてほしい**ことなら何でも**してあげるつもりだ。	I will do w_____ she wants me to do.
出かける**ときはいつでも**電気を消してください。	Please turn off the lights w_____ you go out.
彼女が行く**ところならどこでも**彼女の犬はついていく。	Her dog follows her w_____ she goes.
どれほど気をつけて**いようとも**, だれだって間違いをする。	H_____ careful you are, everyone makes mistakes.

943 discovery 944 observed 945 checked 946 whatever 947 whenever
948 wherever 949 However

前置詞①

950	Change trains _____ Tokyo Station.	東京駅**で**電車を乗り換えなさい。
951	There are some candies _____ the box.	箱**の中に**あめがいくつかある。
952	I saw a nice picture _____ the wall.	壁**にある**すてきな絵を見た。
953	I walked _____ the station.	私は駅**から**歩いた。
954	I walked _____ school.	私は学校**へ**歩いた。
955	What time does the train _____ Osaka leave?	大阪**に向かう**電車は何時に出発しますか。
956	I am a member _____ the swimming team.	私は水泳チーム**の**一員だ。
957	She went shopping _____ her friend.	彼女は友人**といっしょに**買い物に行った。
958	The cat ran _____ my room.	猫が私の部屋**の中に**走って入ってきた。
959	I walked _____ the strong wind.	私は強い風**に逆らって**歩いた。
960	Ken sat _____ me.	健は私**の近くに**座った。
961	Akiko sat _____ me.	明子は私**のそばに**座った。
962	The girl was standing _____ the window.	その少女は窓**のそばに**立っていた。

Answers

950 at	951 in	952 on	953 from	954 to
955 for	956 of	957 with	958 into	959 against
960 near	961 beside	962 by		

Dialogue ⑪ 家で

息子：お母さん，今晩映画を見に行っていい？	Son: Mom, can I go see a movie tonight?
963 964 母：今晩？週末**まで待てないの？**今日は自分の部屋の掃除を**したほうがいい**わよ。	Mom: Tonight? Can't you _____ the weekend? You'd _____ clean your room today.
息子：昨日掃除したよ。	Son: I cleaned it yesterday.
母：映画は何時に始まるの？	Mom: What time does the movie start?
息子：8時半に始まるよ。	Son: It starts at 8:30.
965 母：**それは遅すぎる**わ。土曜日まで待ちなさい，ビリー。	Mom: That's _____. Wait till Saturday, Billy.
息子：わかったよ。	Son: OK.
966 父：今晩は**テレビで何をやるのかな**。	Dad: What's _____ tonight?
娘：わあ，松本次郎主演の新ドラマが始まるわ！	Daughter: Oh, there's a new drama starring Jiro Matsumoto!
967 父：次郎？**だれだそれは？**	Dad: Jiro? Who _____?
娘：松本次郎，映画の『京都タワー』で主役を演じた男の子よ。	Daughter: Jiro Matsumoto, the boy who played the hero in the movie *Kyoto Tower*.
父：聞いたことないな。	Dad: I've never heard of him.
娘：もう，お父さん，彼は女子の間で本当に人気があるのよ。でも，今日の夜は部活のミーティングがあるの。DVDの設定をしておいてくれない？	Daughter: Oh, Dad, he's really popular with girls. But I have a club meeting tonight. Can you set the DVD for me?
968 父：もちろん，**かまわないよ**。	Dad: Sure, _____.

Answers
963 wait till   964 better   965 too late   966 on TV   967 is that
968 no problem

危機・事故・犯罪など

	単語・発音	意味	1回目	2回目	3回目
969	prison [prízn] プリズン	刑務所			
970	arrest [ərést] アレスト	逮捕する			
971	crash [krǽʃ] クラぁッシュ	衝突する			
972	warn [wɔ́ːrn] ウォーン	警告する			
973	crisis [kráisis] クライスィス	危機			
974	steal [stíːl] スティーる	盗む			
975	punish [pʌ́niʃ] パニッシュ	罰する			

災害・社会問題に関する語

	単語・発音	意味	1回目	2回目	3回目
976	nuclear [njúːkliər] ニュークりア	核の			
977	pollution [pəlúːʃən] ポるーション	汚染			
978	earthquake [ə́ːrθkwèik] アーすクウェイク	地震			
979	typhoon [taifúːn] タイふーン	台風			
980	flood [flʌ́d] ふらッド	洪水			

心の動き（4）

	単語・発音	意味	1回目	2回目	3回目
981	notice [nóutəs] ノウティス	気がつく			
982	guess [gés] ゲス	推測する			
983	respect [rispékt] リスペクト	尊敬する			
984	suppose [səpóuz] サポウズ	思う			
985	imagine [imǽdʒin] イマぁヂン	想像する			
986	expect [ikspékt] イクスペクト	期待する			
987	intend [inténd] インテンド	～するつもりでいる			
988	relax [rilǽks] リらぁックス	くつろぐ			
989	prefer [prifə́ːr] プリふァ〜	BよりもAを好む			

否定を表す語

	単語・発音	意味	1回目	2回目	3回目
990	none [nʌ́n] ナン	だれも～ない			
991	neither [níːðər] ニーざ	どちらも～ない			

Answers
- 969 prison
- 970 arrested
- 971 crashed
- 972 warns
- 973 crisis
- 974 stole
- 975 punished
- 976 nuclear
- 977 pollution
- 978 earthquakes
- 979 typhoons
- 980 flood
- 981 notice
- 982 guess
- 983 respect

Level 6 969-991

彼は5年間刑務所にいた。	He spent five years in p_____ .
警官が昨晩，そのどろぼうを逮捕した。	A police officer a_____ the thief last night.
その車は壁に衝突した。	The car c_____ into a wall.
黄色信号は運転手に速度を落とすようにと警告している。	The yellow light w_____ a driver to slow down.
石油危機はあらゆるところで価格を上昇させた。	The oil c_____ made prices go up everywhere.
だれかが私の自転車を盗んだ。	Somebody s_____ my bicycle.
そんなことをすると罰せられるよ。	You will be p_____ if you do that.

核戦争という考えはとても怖い。	The idea of n_____ war is very scary.
大気汚染は今日では世界規模の問題だ。	Air p_____ is a global problem today.
日本は地震が多い。	Japan has a lot of e_____ .
ここでは秋の初めに台風が多い。	We have a lot of t_____ here in the early fall.
多くの人がその洪水で亡くなった。	Many people died in the f_____ .

私はジェーンがパーティーをあとにしたのに気がつかなかった。	I didn't n_____ that Jane had left the party.
私の年齢を推測できますか。	Can you g_____ my age?
私はトムの勇気を尊敬する。	I r_____ Tom's courage.
私はダニーは今日遅れると思う，いつものようにね。	I s_____ Danny will be late today, as usual.
戦争のない世界を想像しなさい。	I_____ a world without war.
私は彼がふたたび来ると期待している。	I e_____ that he will come again.
パティーは大学でフランス語を学ぶつもりだ。	Patty i_____ to study French in college.
ひと休みして，くつろぎなさい。	You should take a rest and r_____ .
私の母は紅茶よりコーヒーのほうを好む。	My mother p_____ coffee *to* tea.

その日，生徒たちのだれも遅刻をしなかった。	N_____ of the students were late that day.
私はどちらのドレスも好きでない。	I like n_____ of the dresses.

984 suppose 985 Imagine 986 expect 987 intends 988 relax
989 prefers 990 None 991 neither

社会に関する語（3）

№	単語・発音	意味	1回目	2回目	3回目
992	custom [kʌ́stəm] カスタム	慣習			
993	habit [hǽbit] ハぁビト	くせ			
994	tradition [trədíʃən] トラディション	伝統			
995	belong [bilɔ́:ŋ] ビろーング	属している			

戦いに関する語

№	単語・発音	意味	1回目	2回目	3回目
996	army [ɑ́:rmi] アーミ	陸軍			
997	battle [bǽtl] バぁトる	戦闘			
998	victim [víktim] ヴィクティム	犠牲者			
999	soldier [sóuldʒər] ソウるヂャ	兵士			
1000	enemy [énəmi] エネミ	敵			

よくない状態を表す語

№	単語・発音	意味	1回目	2回目	3回目
1001	scared [skéərd] スケアド	こわがる			
1002	careless [kéərlis] ケアれス	不注意な			
1003	guilty [gílti] ギるティ	うしろめたい			
1004	violent [váiələnt] ヴァイアれント	暴力的な			
1005	evil [í:vl] イーヴる	邪悪な			

特徴を示す形容詞（1）

№	単語・発音	意味	1回目	2回目	3回目
1006	plain [pléin] プれイン	わかりやすい			
1007	formal [fɔ́:rməl] ふォーマる	正式の			
1008	informal [infɔ́:rməl] インふォーマる	非公式の			
1009	unique [ju:ní:k] ユーニーク	独特の			
1010	typical [típikəl] ティピクる	典型的な			
1011	basic [béisik] ベイスィック	基本的な			

Answers

992 custom　993 habit　994 tradition　995 belong　996 army
997 battle　998 victim　999 soldier　1000 enemy　1001 scared
1002 careless　1003 guilty　1004 violent　1005 evil　1006 plain

握手をすることはその国の**慣習**ではない。	Shaking hands is not a c_____ in that country.
それは悪い**くせ**だ。	That is a bad h_____.
その国には木製品を作る長い**伝統**がある。	The country has a long t_____ of making wooden products.
私は学校のテニス部に**所属している**。	I b_____ *to* the school tennis club.

マークは高校のあと**陸軍**に入った。	Mark joined *the* a_____ after high school.
彼らはその**戦闘**に勝った。	They won the b_____.
彼はその戦争の**犠牲者**だった。	He was a v_____ of the war.
彼は**兵士**にはなりたくなかった。	He didn't want to be a s_____.
私たちは**敵**と戦った。	We fought against the e_____.

私はクモが**こわい**。	I *am* s_____ *of* spiders.
彼女は**不注意で**間違いをした。	She was c_____ and made a mistake.
私はうそをついたことを**うしろめたく**思った。	I felt g_____ about telling a lie.
このビデオゲームは子どもたちには**暴力的**すぎる。	This video game is too v_____ for children.
彼は**邪悪な**行為のため罰せられるだろう。	He will be punished for his e_____ actions.

もっとゆっくり話して，**わかりやすい**英語を使ってください。	Please speak slowly and use p_____ English.
2国は**正式な**合意をした。	The two countries made a f_____ agreement.
大統領へのインタビューは**非公式**だった。	The interview with the president was i_____.
彼の髪型は**独特**だ。	His hairstyle is u_____.
これはイギリス詩の**典型的**な例である。	This is a t_____ example of English poetry.
私にはフランス語の**基本的な**知識がある。	I have a b_____ knowledge of French.

1007 formal　　**1008** informal　　**1009** unique　　**1010** typical　　**1011** basic

不安・心配など

単語・発音	意味	1回目	2回目	3回目
1012 miss [mís] ミス	〜がいなくてさびしい			
1013 worry [wə́:ri] ワーリ	心配する			
1014 surprise [sərpráiz] サプライズ	驚かせる			
1015 panic [pǽnik] パぁニック	パニック			
1016 shock [ʃák] シャック	衝撃的なこと			
1017 nervous [nə́:rvəs] ナ〜ヴァス	緊張した			

特徴を示す形容詞（2）

1018 original [ərídʒənəl] アリヂヌる	最初の			
1019 normal [nɔ́:rməl] ノームる	ふつうの（基準からはずれていない）			
1020 ordinary [ɔ́:rdənèri] オーディネリ	ふつうの（ありふれている）			
1021 usual [júːʒuəl] ユージュアる	いつもの			

よい状態を表す形容詞

1022 excellent [éksələnt] エクセレント	すばらしい			
1023 favorite [féivərət] ふェイヴァリット	お気に入りの			
1024 perfect [pə́:rfikt] パ〜ふェクト	完璧な			
1025 comfortable [kʌ́mftəbl] カムふァタブる	心地よい			
1026 convenient [kənví:njənt] コンヴィーニエント	都合のよい			
1027 pleasant [pléznt] プれズント	感じのよい			
1028 precious [préʃəs] プレシャス	貴重な			
1029 amazing [əméiziŋ] アメイズィング	びっくりするような			

危機・緊急事態

1030 harm [há:rm] ハーム	害			
1031 alarm [əlá:rm] アらーム	目覚まし（時計）			
1032 urgent [ə́:rdʒənt] ア〜ヂャント	緊急の			

Answers
- 1012 miss
- 1013 worry
- 1014 surprised
- 1015 panic
- 1016 shock
- 1017 nervous
- 1018 original
- 1019 normal
- 1020 Ordinary
- 1021 usual
- 1022 excellent
- 1023 favorite
- 1024 perfect
- 1025 comfortable
- 1026 convenient

私はあなたがいなくてさびしい。	I m_____ you.
そのことについて心配するな。	Don't w_____ about it.
彼の奇妙な行動は彼女を驚かせた。	His strange behavior s_____ her.
パスポートが見つからなくて彼女はパニックにおちいった。	She got into a p_____ when she couldn't find her passport.
それは私には非常に衝撃的なことだった。	It was a great s_____ to me.
トムはスピーチをする前に緊張した。	Tom was n_____ before he gave his speech.
最初のクラブの会員で残っているのはたったひとりだ。	There is only one o_____ club member left.
長旅のあとで疲れを感じるのはふつうのことだ。	It's n_____ to feel tired after a long trip.
ふつうの人びとは映画スターを見るのが好きだ。	O_____ people like to see movie stars.
いつもの場所で会いましょう。	Let's meet at the u_____ place.
ニューヨークのピザはすばらしい。	The pizza in New York is e_____ .
サムのお気に入りの場所はハワイだ。	Sam's f_____ place is Hawaii.
私は完璧な夕焼けの写真をとった。	I took a picture of a p_____ sunset.
このソファーはとてもやわらかくて心地よい。	This sofa is very soft and c_____ .
あなたにとって都合のよいときに，私に電話してください。	Please call me when it is c_____ for you.
私は昨日，感じのよい若者に会った。	I met a p_____ young man yesterday.
この箱の中のものはすべて，私にとっては貴重なものだ。	Everything in this box is very p_____ to me.
その作家は多くのびっくりするような物語を書いた。	The writer wrote many a_____ stories.
喫煙は健康に害を与えるだろう。	Smoking will do h_____ to your health.
私は目覚まし時計を6時にセットした。	I set the a_____ for six.
私は母から緊急のメッセージを受け取った。	I received an u_____ message from my mother.

1027 pleasant　　**1028** precious　　**1029** amazing　　**1030** harm　　**1031** alarm
1032 urgent

社会に関する動詞

	単語・発音	意味	1回目	2回目	3回目
1033	occur [əkə́:r] オカ〜	起こる			
1034	exist [igzíst] イグズィスト	生存する			
1035	depend [dipénd] ディペンド	〜しだいである			
1036	tend [ténd] テンド	〜する傾向がある			
1037	supply [səplái] サプらイ	提供する			
1038	fit [fít] ふィット	(〜に)合う			
1039	gather [gǽðər] ギぁざ	集まる			
1040	apply [əplái] アプらイ	申し込む			
1041	attend [əténd] アテンド	出席する			
1042	relate [riléit] リれイト	関係させる			
1043	participate [pɑːrtísəpèit] パーティスィペイト	参加する			

前置詞②

1044	I walked ＿＿＿ the river.	私は川に沿って歩いた。
1045	He tried to swim ＿＿＿ the river.	彼は川を横切って泳ごうとした。
1046	We went ＿＿＿ the crowd.	私たちは人ごみを通り抜けていった。
1047	The birds were flying ＿＿＿ the trees.	鳥たちが木の上を飛んでいた。
1048	The dog jumped ＿＿＿ the fence.	その犬がフェンスを越えてジャンプした。
1049	He hid ＿＿＿ the table.	彼はテーブルの下に隠れた。
1050	The sun sank ＿＿＿ the horizon.	太陽が地平線の下に沈んだ。
1051	She sat ＿＿＿ Yuri and Keiko.	彼女は由里と圭子の間に座った。
1052	The actor is popular ＿＿＿ young girls.	その俳優は少女たちの間で人気がある。
1053	I was walking ＿＿＿ the movie theater.	私は映画館のほうへ歩いていた。
1054	He was driving ＿＿＿ the truck.	彼はトラックのうしろを運転していた。
1055	We sat ＿＿＿ the table.	私たちはテーブルのまわりに座った。

Answers
1033 occurred　1034 exists　1035 depends　1036 tends　1037 supply
1038 fit　1039 gathered　1040 applied　1041 attend　1042 related
1043 participated

その問題は2000年以前に**起こった**。	That problem o_____ before 2000.
他の惑星に生命が**存在する**と思いますか。	Do you think life e_____ *on* other planets?
私が何を着るかは天気**しだいだ**。	What I wear d_____ on the weather.
ビルは早口になる**傾向がある**。	Bill t_____ *to speak* very fast.
彼女はあまり情報を**提供する**ことができなかった。	She was not able to s_____ much information.
その靴は私の足に**合わ**ない。	Those shoes don't f_____ my feet.
彼らはテーブルのまわりに**集まった**。	They g_____ around the table.
ポールは先週新しい仕事を**申し込んだ**。	Paul a_____ *for* a new job last week.
ジェリーは今日の午後，会議に**出席する**予定だ。	Gerry will a_____ a meeting this afternoon.
彼の吐き気は彼が食べたものと**関係している**ようだった。	His sickness seemed to *be* r_____ *to* the food he ate.
多くの人がその議論に**参加した**。	Many people p_____ *in* the discussion.

1044 along　1045 across　1046 through　1047 above　1048 over
1049 under　1050 below　1051 between　1052 among　1053 toward
1054 behind　1055 around

身につけておきたい熟語⑥

#		
1056	彼の助け**のおかげで**，私はレポートを書き終えることができた。	T_____ _____ his help, I was able to finish my report.
1057	私**の代わりに**あなたにそこに行ってもらいたい。	I want you to go there i_____ _____ me.
1058	その部屋は，古いいす**を除いて**からっぽだった。	The room was empty e_____ _____ an old chair.
1059	私は英語**に加えて**フランス語も勉強しなければならない。	I have to study French i_____ _____ _____ English.
1060	君は**もはや**子どもでは**ない**。	You are _____ l_____ _____ a child.
1061	父は日曜日に**いつも**家にいる**とは限らない**。	My father is _____ a_____ at home on Sundays.
1062	彼が言ったことが私には**少しも**わから**なか**った。	I did _____ understand what he said a_____ _____.
1063	生徒たちは毎週1回，ワークブックを**提出する**。	The students h_____ _____ their exercise books once a week.
1064	彼はこの計画の問題点を**指摘した**。	He p_____ _____ the problem in this plan.
1065	約400人の学生がパレード**に参加した**。	About 400 students t_____ _____ _____ the parade.
1066	私は大好きな歌手**と握手した**。	I s_____ _____ _____ my favorite singer.

Answers
- 1056 Thanks to
- 1057 instead of
- 1058 except for
- 1059 in addition to
- 1060 no longer
- 1061 not always
- 1062 not / at all
- 1063 hand in
- 1064 pointed out
- 1065 took part in
- 1066 shook hands with

家族：family

単語・発音	意味	1回目	2回目	3回目
grandfather [grǽndfɑ̀:ðər] グラぁンドふァーざ	祖父			
grandmother [grǽnmÀðər] グラぁンマざ	祖母			
father [fɑ́:ðər] ふァーざ	父			
mother [mÁðər] マざ	母			
uncle [Áŋkl] アンクる	おじ			
aunt [ǽnt] あント	おば			
brother [brÁðər] ブラざ	兄[弟]			
sister [sístər] スィスタ	姉[妹]			
cousin [kÁzn] カズン	いとこ			
husband [hÁzbənd] ハズバンド	夫			
wife [wáif] ワイふ	妻			
son [sÁn] サン	息子			
daughter [dɔ́:tər] ドータ	娘			

もっと書いてみよう！

	意 味	1回目	2回目	3回目
	( )			
	( )			
	( )			
	( )			
	( )			
	( )			
	( )			
	( )			
	( )			
	( )			
	( )			
	( )			
	( )			
	( )			
	( )			
	( )			
	( )			
	( )			
	( )			
	( )			
	( )			
	( )			
	( )			
	( )			
	( )			
	( )			
	( )			
	( )			
	( )			
	( )			
	( )			
	( )			
	( )			

日常表現

	意味	1回目	2回目
get up	起きる		
wash one's face	顔を洗う		
brush one's teeth	歯を磨く		
feed a pet	ペットに餌をやる		
walk the dog	犬の散歩をする		
eat/have breakfast	朝食を食べる		
do the laundry	洗濯をする		
go to school	学校へ行く		
go to work	仕事へ行く		
attend class	授業に出席する		
hand in one's homework	宿題を提出する		
raise one's hand	手を上げる		
take notes	ノートをとる		
work together	一緒に作業する		
share with the class	クラスに発表する		
eat/have lunch	昼食を食べる		
after school	放課後		
do one's homework	宿題をする		
cook/make dinner	夕飯をつくる		
eat/have dinner	夕飯を食べる		
do the dishes	皿を洗う		
take a bath	お風呂に入る		
set an alarm	目覚ましをかける		
go to bed	寝る		

日常表現

起きる	◇ get (　　　　)
顔を洗う	◇ (　　　　) one's face
歯を磨く	◇ (　　　　) one's teeth
ペットに餌をやる	◇ (　　　　) a pet
犬の散歩をする	◇ (　　　　) the dog
朝食を食べる	◇ eat / have (　　　　)
洗濯をする	◇ (　　　　) the laundry
学校へ行く	◇ go to (　　　　)
仕事へ行く	◇ go to (　　　　)
授業に出席する	◇ attend (　　　　)
宿題を提出する	◇ (　　　　) in one's homework
手を上げる	◇ raise one's (　　　　)
ノートをとる	◇ (　　　　) notes
一緒に作業する	◇ work (　　　　)
クラスに発表する	◇ (　　　　) with the class
昼食を食べる	◇ eat / have (　　　　)
放課後	◇ (　　　　) school
宿題をする	◇ do one's (　　　　)
夕飯をつくる	◇ cook / (　　　　) dinner
夕飯を食べる	◇ eat / have (　　　　)
皿を洗う	◇ do the (　　　　)
お風呂に入る	◇ (　　　　) a bath
目覚ましをかける	◇ (　　　　) an alarm
寝る	◇ (　　　　) to bed

解答 ⇒ 145ページ

12ページの解答

📝 人称代名詞の変化

主格	所有格	目的格	所有代名詞
I	(my)	(me)	(mine)
we	(our)	(us)	(ours)
you	(your)	(you)	(yours)
he	(his)	(him)	(his)
she	(her)	(her)	(hers)
it	(its)	(it)	—
they	(their)	(them)	(theirs)

📝 単数形と複数形

単語・発音	意味	複数形
apple [ǽpl] あプル	(リンゴ)	(apples)
tree [tríː] トリー	(木)	(trees)
bus [bʌ́s] バス	(バス)	(buses)
box [bɑ́ks] バックス	(箱)	(boxes)
dish [díʃ] ディッシュ	(皿)	(dishes)
knife [náif] ナイふ	(ナイフ)	(knives)
city [síti] スィティ	(市)	(cities)

📝 be動詞, have, do の活用

原形	現在形	過去形
be	I (am)	I (was)
	You (are)	You (were)
	She (is)	She (was)
	They (are)	They (were)
have	I (have)	I (had)
	He (has)	He (had)
	They (have)	They (had)
do	I (do)	I (did)
	She (does)	She (did)
	They (do)	They (did)

3人称単数現在形

単語・発音	意味	3人称単数現在形
come [kʌ́m] カム	(来る)	(comes)
get [gét] ゲット	(～を 手に入れる)	(gets)
teach [tíːtʃ] ティーチ	(～を 教える)	(teaches)
go [góu] ゴウ	(行く)	(goes)
wash [wáʃ] ワッシュ	(～を 洗う)	(washes)
study [stʌ́di] スタディ	(勉強する)	(studies)

規則変化動詞の活用

原形	意味	過去形	過去分詞形
listen	(聞く)	(listened)	(listened)
talk	(話す)	(talked)	(talked)
hope	(～を 望む)	(hoped)	(hoped)
live	(生きる)	(lived)	(lived)
cry	(泣く)	(cried)	(cried)
stop	(止まる)	(stopped)	(stopped)

不規則変化動詞の活用

原形	意味	過去形	過去分詞形
build	(～を 建てる)	(built)	(built)
come	(来る)	(came)	(come)
go	(行く)	(went)	(gone)
make	(～を 作る)	(made)	(made)
see	(～を 見る)	(saw)	(seen)
tell	(～を 告げる)	(told)	(told)

不規則動詞の活用①

AAA型：原形・過去形・過去分詞形が同じ形

原形	過去形	過去分詞形	-ing 形
cost	cost	cost	costing
cut	cut	cut	cutting
hit	hit	hit	hitting
hurt	hurt	hurt	hurting
let	let	let	letting
put	put	put	putting
set	set	set	setting
shut	shut	shut	shutting

ABA型：原形・過去分詞形が同じ形

原形	過去形	過去分詞形	-ing 形
become	became	become	becoming
come	came	come	coming
run	ran	run	running

AAB型：原形・過去形が同じ形

原形	過去形	過去分詞形	-ing 形
beat	beat	beaten / beat	beating

ABB型①：過去形・過去分詞形が同じ形

原形	過去形	過去分詞形	-ing 形
bring	brought	brought	bringing
build	built	built	building
buy	bought	bought	buying
catch	caught	caught	catching
feel	felt	felt	feeling
find	found	found	finding
hear	heard	heard	hearing
hold	held	held	holding
keep	kept	kept	keeping
lay	laid	laid	laying
leave	left	left	leaving
lose	lost	lost	losing
make	made	made	making
mean	meant	meant	meaning
meet	met	met	meeting

不規則動詞の活用②

ABB型②：過去形・過去分詞形が同じ形

原形	過去形	過去分詞形	-ing 形
pay	paid	paid	paying
read	read	read	reading
say	said	said	saying
sit	sat	sat	sitting
teach	taught	taught	teaching
tell	told	told	telling
think	thought	thought	thinking
understand	understood	understood	understanding

ABC型：原形・過去形・過去分詞形がすべて異なる

原形	過去形	過去分詞形	-ing 形
begin	began	begun	beginning
break	broke	broken	breaking
drink	drank	drunk	drinking
drive	drove	driven	driving
eat	ate	eaten	eating
fall	fell	fallen	falling
fly	flew	flown	flying
get	got	got / gotten	getting
give	gave	given	giving
go	went	gone	going
grow	grew	grown	growing
know	knew	known	knowing
lie	lay	lain	lying
ride	rode	ridden	riding
rise	rose	risen	rising
see	saw	seen	seeing
sing	sang	sung	singing
speak	spoke	spoken	speaking
take	took	taken	taking
wear	wore	worn	wearing
write	wrote	written	writing

日常表現

起きる	◇ get (**up**)
顔を洗う	◇ (**wash**) one's face
歯を磨く	◇ (**brush**) one's teeth
ペットに餌をやる	◇ (**feed**) a pet
犬の散歩をする	◇ (**walk**) the dog
朝食を食べる	◇ eat / have (**breakfast**)
洗濯をする	◇ (**do**) the laundry
学校へ行く	◇ go to (**school**)
仕事へ行く	◇ go to (**work**)
授業に出席する	◇ attend (**class**)
宿題を提出する	◇ (**hand**) in one's homework
手を挙げる	◇ raise one's (**hand**)
ノートをとる	◇ (**take**) notes
一緒に作業する	◇ work (**together**)
クラスに発表する	◇ (**share**) with the class
昼食を食べる	◇ eat / have (**lunch**)
放課後	◇ (**after**) school
宿題をする	◇ do one's (**homework**)
夕飯をつくる	◇ cook / (**make**) dinner
夕飯を食べる	◇ eat / have (**dinner**)
皿を洗う	◇ do the (**dishes**)
お風呂に入る	◇ (**take**) a bath
目覚ましをかける	◇ (**set**) an alarm
寝る	◇ (**go**) to bed

単語さくいん

※本文に収録されている単語・熟語をABC順に掲載しました。数字は見出し語の通し番号を表します。

A

ability	573
able	287
above	1047
abroad	660
absent	594
absolutely	889
accept	311
accident	679
achieve	822
across	1045
act	351
active	469
add	352
address	453
admire	716
adult	410
adventure	584
advice	835
afraid	183
again	105
against	959
age	218
agree	309
aim	575
air	362
alarm	1031
alive	056
almost	241
alone	180
along	1044
alphabet	449
also	103
always	107
amazing	1029
among	1052
ancient	622
angry	181
another	128
answer	113
anyone	063
anything	059
anyway	887
appear	206
apply	1040
approach	317
area	048
argue	828
army	996
around	1055
arrest	970
arrive	314
art	355
artist	446
at	950
attend	1041
attention	940
attract	723
attractive	788
audience	918
author	920
average	824
aware	938

B

bake	896
band	809
base	591
basic	1011
battle	997
beach	796
beat	672
because	292
begin	148
behavior	713
behind	1054
believe	224
belong	995
below	1050
beside	961
between	1051
big	007
bill	305
blind	476
blow	729
boil	897
both	122
bottom	495
branch	191
brave	632
bread	415
break	274
breathe	394
bright	490
bring	770-775
build	275
building	496
burn	742
business	304
by	962

C

call	043
calm	473
can	139
cancer	678
capital	558
captain	663
care	264
career	818
careful	475
careless	1002
carry	185
case	376
catch	211
celebrate	722
century	217
certain	265
certainly	888
challenge	276
chance	596
change	071
character	565
charge	307
cheap	245
check	945
cheerful	786
child	001
choose	799
circle	851
citizen	378
clean	637
clear	488
clever	629
climate	725
climb	839
close	067
close	279
cloud	730
coach	668
coast	797
college	590
come	151-158
comedy	633
comfortable	1025
comment	834
company	089
compare	929
complain	619
complete	582
computer	400
condition	532
contact	712
continent	559
continue	072
control	434
convenient	1026
conversation	813
cool	736
corner	498
correct	233
cost	303
cough	904
count	618
country	044
couple	121
courage	597
course	116
cover	391
crash	971
create	350
crisis	973
criticize	833
crop	188
cross	837
crowd	917
cry	040
culture	358
cup	416
cure	906
curious	937
custom	992
customer	921

D

damage	740
dangerous	644
dark	489
data	942
date	129
dead	055
dear	567
death	051
debate	829
decide	225
decrease	269
deep	932
demand	615
depend	1035
desert	791
destroy	741
develop	578
die	053

different	142
difficult	143
dirty	638
discover	353
discovery	943
discuss	827
discussion	814
disease	675
distance	751
divide	800
doctor	528
double	120
draw	197
dream	572
drink	386
drop	542
dry	731

E

earn	324
earthquake	978
easy	144
eat	210
effort	579
either	123
election	803
e-mail	487
empty	282
end	150
enemy	1000
energy	368
enough	237
enter	316
environment	893
equal	127
especially	242
essay	452
every	125
everyone	064
everything	060
evil	1005
exactly	885
examine	915
example	456
excellent	1022
except	298
exciting	936
excuse	441
exercise	838
exist	1034
expect	986
expensive	244
experience	457
expert	919
explain	308
express	613

F

fact	231
factory	825
fail	583
failure	636
fall	318
false	642
familiar	755
fan	808
far	280
fare	306
farm	187
fast	649
fat	653
favor	926
favorite	1023
fear	762
feed	395
feel	094
fever	903
few	026
fiction	451
field	492
fight	670
figure	359
fill	931
film	806
finally	535
find	033
fine	553
finish	149
fire	366
fit	1038
fix	392
flat	856
flood	980
floor	493
flow	321
flower	192
fly	748
follow	313
for	955
foreign	046
forest	759
forget	261
form	849
formal	1007
fortune	598
fresh	405
friendly	478
from	953
fuel	761
full	281
fun	752
fund	322
funny	471
future	219

G

garbage	895
gather	1039
gentle	472
gentleman	384
gesture	836
get	326-332
give	247-253
glad	177
glass	417
go	073-079
goal	574
government	371
grade	593
graduate	595
grass	190
ground	491
group	006
grow	070
guess	982
guest	661
guide	846
guilty	1003

H

habit	993
half	118
happen	460
happy	176
hard	283
hardly	890
harm	1030
hate	718
have	501-506
headache	905
health	530
healthy	464
hear	031
heat	739
help	099
hide	844
high	012
history	360
hit	671
hobby	804
hold	184
hometown	560
homework	117
honest	631
hope	097
horizon	370
horror	763
hospital	527
hot	408
hour	216
however	949
huge	645
human	003
humid	733
hungry	462
hurry	393
hurt	721

I

idea	088
ideal	927
if	291
ignore	719
illness	902
image	769
imagine	985
important	226
impossible	290
improve	577
in	951
include	930
increase	268
indeed	886
individual	549
industry	816
influence	658
informal	1008
information	232
injure	680
insist	832
intelligent	787
intend	987
interest	277
interesting	551

147

☐ international	656	☐ make	684-690	☐ on	952	☐ produce	402	☐ scientist	448	☐ stage	592
☐ Internet	486	☐ manage	823	☐ once	134	☐ professional	624	☐ search	941	☐ standard	908
☐ into	958	☐ manager	662	☐ only	111	☐ program	483	☐ seat	750	☐ start	147
☐ introduce	312	☐ manner	714	☐ open	066	☐ progress	909	☐ second	214	☐ state	375
☐ invent	916	☐ many	024	☐ opinion	811	☐ promise	616	☐ secret	548	☐ stay	209
☐ invite	711	☐ marry	710	☐ order	440	☐ protect	720	☐ see	029	☐ steal	974
☐ iron	790	☐ matter	454	☐ ordinary	1020	☐ proud	935	☐ seed	189	☐ step	320
☐ island	557	☐ may	137	☐ original	1018	☐ prove	821	☐ seem	202	☐ stop	022
		☐ maybe	235	☐ otherwise	891	☐ public	544	☐ select	802	☐ storm	726
J		☐ meal	404	☐ over	1048	☐ pull	272	☐ send	270	☐ straight	855
☐ job	086	☐ mean	098			☐ punish	975	☐ senior	412	☐ strange	570
☐ journey	745	☐ meaning	810	**P**		☐ pure	753	☐ sentence	812	☐ strict	783
☐ joy	757	☐ medicine	677	☐ pain	533	☐ purpose	571	☐ separate	801	☐ strong	285
☐ judge	910	☐ melt	898	☐ paint	198	☐ push	273	☐ serious	477	☐ student	004
☐ jump	020	☐ member	397	☐ pair	133	☐ put	859-866	☐ serve	900	☐ study	112
☐ junior	413	☐ memory	588	☐ panic	1015			☐ service	623	☐ subject	354
		☐ mental	914	☐ paper	414	**Q**		☐ set	186	☐ succeed	580
K		☐ message	480	☐ part	200	☐ quality	819	☐ several	126	☐ success	635
☐ keep	599-606	☐ middle	853	☐ participate	1043	☐ quantity	820	☐ shake	841	☐ suddenly	536
☐ kick	669	☐ midnight	131	☐ partner	924	☐ quarter	119	☐ shall	140	☐ suffer	681
☐ kid	409	☐ mild	734	☐ pass	319	☐ queen	445	☐ shape	850	☐ suggest	614
☐ kill	054	☐ mind	263	☐ passenger	923	☐ quick	650	☐ sharp	858	☐ sunny	737
☐ king	444	☐ minute	215	☐ passport	848	☐ quiet	466	☐ shock	1016	☐ sunshine	369
☐ knock	673	☐ miss	1012	☐ past	220	☐ quite	239	☐ shoot	674	☐ supply	1037
☐ know	093	☐ mix	899	☐ patient	676			☐ short	015	☐ support	437
☐ knowledge	562	☐ modern	621	☐ pay	246	**R**		☐ shout	041	☐ suppose	984
		☐ moment	213	☐ peace	380	☐ rain	727	☐ show	100	☐ sure	892
L		☐ move	019	☐ perfect	1024	☐ raise	539	☐ shut	068	☐ surprise	1014
☐ labor	826	☐ movie	805	☐ perform	817	☐ rapidly	243	☐ shy	630	☐ surround	439
☐ lady	383	☐ much	025	☐ perhaps	234	☐ rate	939	☐ sick	526	☐ sweet	406
☐ lake	794	☐ must	138	☐ period	222	☐ reach	315	☐ sickness	901	☐ symbol	201
☐ land	047	☐ mysterious	585	☐ person	002	☐ real	145	☐ side	199	☐ system	399
☐ language	049			☐ personal	547	☐ reason	230	☐ sight	766		
☐ large	008	**N**		☐ photograph	807	☐ receive	271	☐ sightseeing	847	**T**	
☐ laugh	038	☐ narrow	640	☐ physical	913	☐ recently	537	☐ sign	403	☐ take	418-425
☐ law	356	☐ nation	655	☐ pick	543	☐ record	484	☐ silent	474	☐ talent	561
☐ lawyer	447	☐ national	372	☐ picture	195	☐ recover	683	☐ similar	911	☐ talk	036
☐ lay	541	☐ native	556	☐ pilot	664	☐ recycle	894	☐ simple	146	☐ tall	013
☐ lazy	782	☐ nature	361	☐ pity	764	☐ refuse	617	☐ since	296	☐ taste	204
☐ lead	709	☐ near	960	☐ place	499	☐ relate	1042	☐ sing	042	☐ tax	323
☐ leader	659	☐ nearly	240	☐ plain	1006	☐ relationship	657	☐ single	569	☐ teach	389
☐ leave	023	☐ necessary	552	☐ plan	090	☐ relative	666	☐ sir	381	☐ teacher	005
☐ let	433	☐ need	223	☐ planet	792	☐ relax	988	☐ situation	455	☐ team	398
☐ lie	299	☐ neighbor	377	☐ plant	365	☐ remain	207	☐ skill	815	☐ tell	035
☐ lie	540	☐ neither	991	☐ pleasant	1027	☐ remember	095	☐ sleep	387	☐ tend	1036
☐ life	050	☐ nervous	1017	☐ pleasure	925	☐ repeat	830	☐ sleepy	465	☐ thank	300
☐ lift	843	☐ never	109	☐ plenty	238	☐ report	310	☐ slow	651	☐ thick	652
☐ like	091	☐ newspaper	482	☐ poet	665	☐ research	928	☐ small	009	☐ thin	654
☐ line	196	☐ next	124	☐ point	458	☐ respect	983	☐ smart	627	☐ thing	057
☐ listen	032	☐ nobody	065	☐ police	443	☐ rest	385	☐ smell	205	☐ think	096
☐ little	010	☐ nod	831	☐ polite	784	☐ return	021	☐ smile	039	☐ thirsty	463
☐ little	027	☐ noisy	468	☐ politician	667	☐ ride	840	☐ snow	728	☐ though	295
☐ live	052	☐ none	990	☐ pollution	977	☐ right	228	☐ social	373	☐ through	1046
☐ local	555	☐ normal	1019	☐ pond	795	☐ rise	538	☐ society	374	☐ ticket	749
☐ lock	069	☐ note	587	☐ popular	568	☐ role	625	☐ soft	284	☐ tight	648
☐ lonely	179	☐ nothing	061	☐ position	497	☐ root	194	☐ soldier	999	☐ tiny	646
☐ long	014	☐ notice	981	☐ possible	289	☐ rose	193	☐ solve	461	☐ tired	470
☐ look	028	☐ novel	450	☐ pour	390	☐ round	857	☐ someone	062	☐ to	954
☐ loose	647	☐ nuclear	976	☐ practice	576	☐ run	017	☐ something	058	☐ tonight	130
☐ lose	266	☐ nurse	529	☐ praise	717			☐ sometimes	108	☐ too	104
☐ loud	467			☐ precious	1028	**S**		☐ somewhere	500	☐ top	494
☐ love	092	**O**		☐ prefer	989	☐ sad	178	☐ sorrow	765	☐ touch	212
☐ low	011	☐ observe	944	☐ prepare	581	☐ safe	643	☐ sorry	182	☐ tough	785
☐ lucky	756	☐ occur	1033	☐ present	221	☐ sail	845	☐ sound	203	☐ tour	746
		☐ ocean	793	☐ president	442	☐ salty	407	☐ source	907	☐ toward	1053
M		☐ of	956	☐ pretty	566	☐ same	141	☐ space	367	☐ tradition	994
☐ machine	401	☐ offer	436	☐ price	302	☐ save	438	☐ speak	037	☐ traffic	626
☐ madam	382	☐ office	396	☐ prison	969	☐ say	034	☐ special	550	☐ tragedy	634
☐ magazine	485	☐ official	545	☐ private	546	☐ scared	1001	☐ spell	620	☐ travel	744
☐ mail	481	☐ often	110	☐ probably	236	☐ scene	767	☐ spend	301	☐ treat	682
☐ main	554	☐ oil	789	☐ problem	227	☐ science	357	☐ square	852	☐ tree	364

☐ triangle	854					☐ war	379	☐ wet	732	☐ wish	262
☐ trick	586	**U**		**V**		☐ warm	735	☐ whatever	946	☐ with	957
☐ trip	743	☐ unable	288	☐ value	934	☐ warn	972	☐ whenever	947	☐ wonder	278
☐ trouble	459	☐ under	1049	☐ various	933	☐ wash	842	☐ wherever	948	☐ wood	760
☐ true	641	☐ understand	114	☐ victim	998	☐ waste	325	☐ whether	294	☐ work	087
☐ trust	715	☐ unique	1009	☐ view	768	☐ watch	030	☐ while	293	☐ world	045
☐ try	208	☐ university	589	☐ violent	1004	☐ wave	798	☐ wide	639	☐ worry	1013
☐ turn	018	☐ unless	297	☐ visit	747	☐ way	115	☐ wild	758	☐ worth	912
☐ twice	135	☐ urgent	1032	☐ voice	479	☐ weak	286	☐ will	136	☐ write	101
☐ type	564	☐ useful	754	☐ volunteer	922	☐ wear	388	☐ win	267	☐ wrong	229
☐ typhoon	979	☐ usual	1021			☐ weather	724	☐ wind	363		
☐ typical	1010	☐ usually	106	**W**		☐ weekend	132	☐ windy	738	**Y**	
				☐ wake	435	☐ weight	531	☐ wisdom	563	☐ yet	534
				☐ walk	016	☐ well	102	☐ wise	628	☐ youth	411

熟語さくいん

A
- ☐ a kind of 339
- ☐ a lot of 165
- ☐ a number of 166
- ☐ as far as 883
- ☐ as long as 884
- ☐ at least 174
- ☐ at most 175
- ☐ at once 170

B
- ☐ believe in 523
- ☐ by the time 882

C
- ☐ call on 524
- ☐ carry out 704
- ☐ catch up with 705

E
- ☐ even if 880
- ☐ even though 881
- ☐ except for 1058

F
- ☐ feel like 521
- ☐ find out 707
- ☐ for a long time 517
- ☐ for a moment 515
- ☐ for a while 516
- ☐ for example 340

G
- ☐ grow up 522

H
- ☐ hand in 1063
- ☐ happen to 519
- ☐ heard from 346
- ☐ heard of 347
- ☐ hundreds of 167

I
- ☐ in addition to 1059
- ☐ in fact 341
- ☐ in front of 343
- ☐ in other words 342
- ☐ in the middle of 344
- ☐ in those days 173
- ☐ in time for 168
- ☐ instead of 1057

L
- ☐ look forward to 520
- ☐ look up 349
- ☐ looking for 348

N
- ☐ next to 345
- ☐ no longer 1060
- ☐ not / at all 1062
- ☐ not always 1061

O
- ☐ on / way to 700
- ☐ on business 698
- ☐ on earth 701
- ☐ on purpose 699
- ☐ on time 169
- ☐ out of date 702
- ☐ out of order 703

P
- ☐ pass away 878
- ☐ pass by 877
- ☐ point out 1064

R
- ☐ right away 171

S
- ☐ say hello to 706
- ☐ see off 879
- ☐ shake hands with 1066
- ☐ stand for 708
- ☐ stand up 525

T
- ☐ take part in 1065
- ☐ thanks to 1056
- ☐ these days 172
- ☐ too / to 518
- ☐ turn down 876
- ☐ turn off 875
- ☐ turn on 874

もっと書いてみよう！

	意 味	1回目	2回目	3回目
	( )			
	( )			
	( )			
	( )			
	( )			
	( )			
	( )			
	( )			
	( )			
	( )			
	( )			
	( )			
	( )			
	( )			
	( )			
	( )			
	( )			
	( )			
	( )			
	( )			
	( )			
	( )			
	( )			
	( )			
	( )			
	( )			
	( )			
	( )			
	( )			
	( )			
	( )			
	( )			
	( )			
	( )			

もっと書いてみよう！

	意味	1回目	2回目	3回目
	( )			
	( )			
	( )			
	( )			
	( )			
	( )			
	( )			
	( )			
	( )			
	( )			
	( )			
	( )			
	( )			
	( )			
	( )			
	( )			
	( )			
	( )			
	( )			
	( )			
	( )			
	( )			
	( )			
	( )			
	( )			
	( )			
	( )			
	( )			
	( )			
	( )			
	( )			
	( )			
	( )			
	( )			
	( )			
	( )			
	( )			
	( )			
	( )			

●英文校閲　　Karl Matsumoto

データベース 1700 [3rd Edition] 準拠
書いて覚える英単語ノート【入門 1700 語レベル】

2009 年 12 月 25 日　初　　版第 1 刷発行
2013 年 4 月 30 日　初　　版第 5 刷発行
2014 年 3 月 31 日　第 2 版第 1 刷発行
2021 年 12 月 10 日　第 2 版第 9 刷発行

編　者　　桐原書店編集部
発行人　　門間 正哉
発行所　　株式会社 桐原書店
　　　　　〒 160-0023　東京都新宿区西新宿 4-15-3
　　　　　　　　　　　住友不動産西新宿ビル 3 号館
　　　　　TEL：03-5302-7010（販売）
　　　　　www.kirihara.co.jp
装　丁　　山田 幸廣 (primary inc.,)
本文レイアウト　新藤 昇
DTP　　　日本アイアール株式会社
印刷・製本　図書印刷株式会社

▶本書の内容を無断で複写・複製することを禁じます。
▶乱丁・落丁本はお取り替えいたします。
ISBN978-4-342-01307-2
Printed in Japan